스몰 웨딩 플라워

황유진 지음

주식회사 주택문화사

Small Wedding Flower
스몰 웨딩 플라워

초판 1쇄 발행 | 2016년 5월 6일
초판 2쇄 발행 | 2018년 4월 5일

지은이 | 황유진

발행인 | 이심
편집인 | 임병기
기획편집 | 조고은
교 정 | 김연정, 조성일, 신기영
사 진 | 최수현
디자인 | 스튜디오 미인_김민정
마케팅 | 서병찬, 장성진
관 리 | 이미경

출 력 | 삼보프로세스
종 이 | 영은페이퍼㈜
인 쇄 | 북스

펴낸곳 | ㈜주택문화사
출판등록 | 제13-177호
주 소 | 서울시 강서구 강서로 466 우리벤처타운 6층
연락처 | 전화 02-2664-7114, 팩스 02-2664-0847
홈페이지 | www.uujj.co.kr

CIP 2016010065 (http://seoji.nl.go.kr)
ISBN 978-89-6603-029-3 (13630)

이 책은 저작권법에 의하여 보호를 받는 저작물이므로 무단 전재와 복제를 금합니다. 파본 및 잘못된 책은 바꾸어 드립니다.

Prologue

"부케(Bouquet). 프랑스어로 '꽃다발'이라는 뜻으로
신랑이 청혼의 의미로 건넨 것에서 유래했다.
그 꽃다발 중 한 송이를 승낙과 답례의 의미로
신랑의 버튼 홀에 꽂게 된 것이 바로 '부토니에(Boutonniere)'다."

디자인을 전공한 제가 꽃에 마음을 빼앗겨 이 일을 시작한 지 어느덧 5년째입니다. 처음도 지금도 늘 느끼는 것이지만, 누군가의 가장 행복한 날을 함께할 수 있다는 것은 참 즐겁고 소중한 일이란 생각이 듭니다.

이 일의 시작은 제 결혼을 준비하던 때로 거슬러 올라갑니다. 결혼을 준비하면서 예식장이나 드레스엔 별로 관심이 없었는데, 부케는 꼭 제 손으로 만들어 제 마음에 꼭 드는 것으로 들고 싶었습니다. 맨땅에 헤딩하는 심정으로 여기저기 클래스를 찾아 듣고 책과 자료를 보며 공부했지요. 국내에는 이렇다 할 책이나 자료가 별로 없어 짧은 영어로 외국 자료까지 열심히 뒤졌습니다. 그렇게 꽃의 매력에 조금씩 빠져들었고, 정신을 차리고 보니 어느새 저는 꽃을 만지고 부케를 만드는 일에 완전히 매료되어 있었습니다. 직접 만든 부케를 들고 버진로드를 걸은 것은 물론이고요.

어느 날, 제 이야기를 모두 아는 친구가 너와 같은 생각을 하는 예비 신부들이 많지 않겠느냐고 책을 내어보자 제안했습니다. 제 모자란 실력으로 가능한 일인지 고민도 되고 걱정도 수없이 했습니다. 이 모든 두려움을 떨치고 용기를 낼 수 있게 해준 건 누구보다도 초보자의 심정을 잘 아는 제가, 같은 경험을 해보았던 저의 지난 고군분투가 누군가에게는 작게나마 도움이 되어줄 수도 있으리라는 희망과 믿음이었습니다. 그래서 이 책에는 꽃을 고르고 다듬어 만드는 방법과 스몰웨딩 스타일링까지 최대한 쉬운 방법으로 상세하게 담아보려 노력했습니다. 저와 같은 생각을 하고 스스로 부케와 꽃장식을 준비해보고자 하는 예비신부님들, 그리고 소중한 누군가의 특별한 날에 꽃 선물을 해주고자 하는 많은 이들에게 조금이나마 힘이 된다면 더 바랄 게 없습니다.

이 책을 준비하며 스스로 작아지고 용기를 잃을 때마다 묵묵히 도와주고 이끌어준, 이 책에 모든 걸 다 했다 해도 모자라지 않을 친구 고은이와 동생이지만 때론 언니처럼 씩씩하게 처음과 끝을 함께해준 수현이에게 고맙다는 말을 전합니다. 바쁜 일상 중에 촬영 때마다 와서 도움의 손을 내어준 주희. 저의 안식처가 되어준 커피페이지와 아름다운 공간을 내어주신 사장님, 새벽시장에 늘 함께해주고 저의 모자란 손과 발이 되어주는 사랑하고 존경하는 신랑. 존재만으로도 힘이 되어주는 가족과 묵묵히 응원해준 YGF, 이렇게 소중한 기회를 주신 주택문화사 식구들에게도 감사의 인사를 건넵니다.

이제 막 마무리한 책의 출간을 앞두고, 저는 한 남자가 사랑하는 여자에게 꽃다발을 건네며 청혼하는 순간만큼이나 가슴이 뜁니다. 설레고 초조하고 벅차 오르는, 복잡미묘한 감정이지요. 누군가에게 마음을 전하고, 그 응답을 기다리는 일이란 늘 이렇게 시간이 멈춘 듯하니 가혹하기 그지 없습니다. 그런 저에게, 제가 내민 꽃다발의 꽃 한 송이를 기꺼이 건네어 주시지 않겠습니까?

Editor's notes

"책을 만들면서 처음으로 알았다.
세상에 아름답지 않은 꽃은 없다는 사실을."

올해 서른이 되었다. 여자에겐 치명적이라고 하는 나이다. 옛날 같으면 벌써 애가 둘은 딸린 아줌마였을 거라고들 하는데, 아직 내 주변엔 시집 안 간 친구들이 훨씬 많다. (점점 잦아지는) 지인 결혼식에 참석했을 때도 '웨딩'이라는 단어는 모두 나와 먼 이야기일 뿐이고, 꽃을 선물 받으니 맛있는 음식 몇 번 더 먹겠다고 말하는 여자가 바로 나였다. 무심한 듯 내미는 흐드러진 장미꽃 한 다발에 마음 설렐 법도 한데, 어쩐지 나의 20대엔 눈부신 웨딩드레스를 보며 수줍게 미소 짓는 아가씨의 로망 같은 건 없었다. 이제 와 돌이켜보면 그동안 내가 즐겨 찾아왔던 '낭만'이란 건 남들과는 조금 다른 것이었던가 싶다.

어쨌거나, 그런 내가 꽃에 관한 책을 만들다니. 그것도 앞에 '웨딩'이라는 말이 붙은! 시작은 단순 명료했다. 절친한 친구 중 하나가 부케 만드는 일을 하고 있었고, 웬만한 유명 플로리스트의 작품보다 예뻤다. 내 눈에 예쁘면 다른 사람들 눈에도 그렇지 않을까 했고, 생각보다 많은 내 또래 여자들이 부케와 다양한 꽃 소품들을 직접 만드는 데 관심을 두고 있음을 알게 됐다. 친구와 얘기하던 중 혼자서 부케나 꽃다발 등을 만들어보려고 해도 마땅히 참고할 만한 책이 없다는 사실도 알게 됐다. 순간, '옳다구나' 했다. 많은 이들의 사랑을 받을 책을 만들어보고 싶었다.

그런데. 책을 만들면서 처음으로 알았다. 세상에 아름답지 않은 꽃은 없다는 사실을. 촬영 때마다 만난 수많은 종류의 꽃들은 사진으로 온전히 담아내기 어려울 만큼 예뻤다. 꽃 한 송이가 사람의 마음을 이토록 흔들어놓고, 아무것도 없던 무채색의 공간에 빛과 색을 더할 수 있다니. 촬영 현장 한쪽에 가득 놓인 꽃들을 보며 연신 감탄하고는 다음 촬영이 되면 또 감탄하기 바빴다. 새하얀 한복드레스를 입고 수수한 헬레보루스 부케를 들고 선 모델을 봤을 땐. 누구하고라도 당장 결혼해야겠다고 생각할 뻔했다. 친구 역으로 나섰던 브라이덜 샤워 촬영 현장에서 레이스 원피스와 높은 구두가 어색해 맨발로 뛰어다니다 사진작가에게 혼나기 일쑤였던 내가 말이다.
거의 1년 가까이 진행된 책 제작 과정은 절대 순탄치 않았다. 모든 것이 생소했고 서툴고 부족했다. 그런 나를 덥석 믿고 따라와 준 저자와 사진작가, 든든한 지원군이 되어주신 사장님과 회사 식구들. 그리고 지인 찬스를 쓸 때마다 기꺼이 손 내밀어 도와준 고마운 사람들. 언젠가 편집장님이 내게 했던 우스갯소리처럼, 이 책은 정말 '영혼을 팔아 만든 책'이다.

이제는 상상해본다. 우아한 부케를 들고 버진로드에 선 내 모습을. 현장에서 한 다발의 부케와 부토니아를 뚝딱 만들어내는 친구를 보며 내가 느꼈던 것처럼, 다른 누군가도 이 책을 보고 손수 부케를 만들고 꽃으로 웨딩홀을 꾸미고 싶다는 생각을 하게 된다면 좋겠다. 아무것도 모르던 나도 따라 할 수 있게 만든 책인 만큼, 누구나 이 책을 보고 근사한 꽃장식과 부케, 화관을 만들어낼 수 있다면 더할 나위 없을 것 같다. 그래도 여자라면 한 번은 꿈꿔보지 않는가. 나만의 특별한 결혼식을.

Contents

4
Prologue

6
Editor's notes

10
Self Making Before
준비해야 할 것들

- 기본도구와 부재료
- 좋은 꽃 고르는 법
- 꽃 시장 이야기
- 꽃 다듬는 방법
- 부케 핸드타이드 기본 테크닉
- 다양한 부케 스템 장식
- 부케 관리&포장 방법

30
Self Wedding Photos
셀프 웨딩 촬영

- Concept 1 Lovely
- Concept 2 Vintage
- Concept 3 French
- Concept 4 Modern

86
Bouquet for Hanbok
한복을 위한 부케

- 심비디움 부케
- 헬레보루스 부케

100
Let's Bridal Shower
브라이덜샤워

- 레드 튤립 부케
- 그린&화이트 화관
- 플라워 브레이슬릿
- 플라워 코사지
- 생화 케이크
- 테이블 데커레이션

128
Small Wedding
스몰웨딩

- 오렌지 카라 부케&부토니아
- 생화 웨딩 화관
- 테이블 센터피스
- 생화 웨딩 케이크
- 웨딩 링 트레이
- 핸드메이드 청첩장
- 플라워샤워

166
Honeymoon with Flower
달콤한 허니문

- 허니문을 위한 조화 부케

178
Flower Interior
신혼집 인테리어

- 틴케이스 화기꽂이
- 에어플랜트
- 유칼립투스 웰컴 리스
- 천일홍 캔들 리스
- 목화 리스

196
Unique Bouquet
나만의 색다른 부케

- 목화 부케
- 다육 부케
- 포맨더 부케

212
Secret Note For Wedding
스몰웨딩 시크릿노트

- 드레스에 어울리는 부케 매치
- 예비 신부들의 궁금증 Q&A
- 스몰웨딩 체크리스트
- 스몰웨딩을 위한 숍 리스트
- Thanks to

Self Making Before

준비해야 할 것들

Tools You Need

기본도구와 부재료

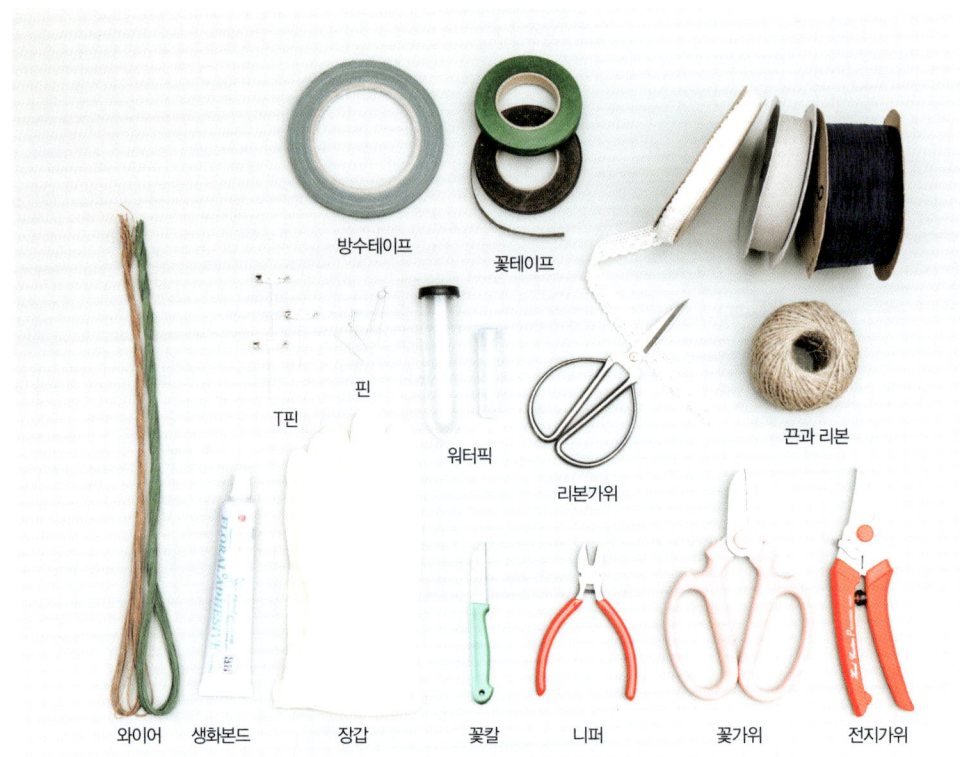

1	꽃가위	꽃을 다루는 데 가장 많이 쓰이는 가위. 꽃의 줄기와 잎을 자르는 용도로 쓰인다.
2	전지가위	굵은 줄기나 목질 줄기를 자르는 가위. 일반 꽃가위보다 힘 전달이 좋아 잘 잘린다.
3	리본가위	리본이나 끈을 자르는 가위. 날카롭고 예리하여 실오라기가 풀리지 않게 잘 잘린다.
4	꽃칼	가시 제거나 약한 줄기를 자르는 용도다.
5	니퍼	와이어 절단용으로 사용한다.
6	와이어	다양한 굵기로 선택할 수 있으며 꽃들을 원하는 형태로 고정하는 데 사용하거나 화관 등 소품을 만들 때 사용하기도 한다.
7	생화본드	꽃잎과 줄기를 붙이는 데 사용하는 생화 전용 본드이다.
8	장갑	꽃의 가시나 날카로운 도구로부터 손을 보호해야 할 때는 장갑을 끼고 작업한다.
9	핀	리본끈을 고정하는 용도로 사용한다.
10	T핀	코사지를 만들 때 주로 사용하는 것으로. 옷에 부착하기 쉽도록 해주는 핀이다.
11	워터픽	꽃이 시들지 않도록 줄기의 끝을 물에 꽂아 작업할 수 있게 해주는 도구. 코사지나 부토니아를 보관할 때도 유용하다.
12	방수테이프	일반 꽃테이프와는 다르게 물에 젖지 않으므로 물을 받아 꽃을 꽂는 센터피스등에 사용한다.
13	꽃테이프	줄기들을 잇거나 한데 모아 타이를 만드는 용도로 사용한다. 늘어뜨려야 접착력이 생기므로 테이프를 잡아당겨 줄기를 감아준다.
14	끈과 리본	부케 장식이나 포장용으로 활용한다.

How To Pick Flowers

좋은 꽃 고르는 법

싱싱함과 아름다움을 유지하고 있는 꽃이 흔히 말하는 '좋은 꽃'이다. 기본적으로 줄기가 길고 단단하며 무르지 않은 것을 고르는 것이 좋다. 꽃잎은 상처와 구김이 없이 화형이 잘 유지되었는지 확인한다. 잎도 잘 살펴볼 필요가 있다. 벌레나 무른 잎이 있는지 잘 살펴본다.

당일에 바로 사용할 꽃이라면 예쁘게 피어난 꽃을. 하루 이틀 뒤에 사용할 꽃이라면 아직 피어나지 않은 봉오리 상태의 꽃을 고르는 것이 좋다. 같은 종류의 꽃 가격이 서로 다르다면 그 이유는 줄기의 길이나 꽃의 상태가 다르다는 것이니 반드시 잘 살펴보고 구매해야 한다.

Flower Market

꽃 시장 이야기

Market Infomation

강남고속버스터미널 화훼상가
서울시 서초구 신반포로 194 강남고속버스터미널 경부선 3층
OPEN 생화상가 0시-13시 │ 부자재상가 0시-18시 │ 일요일 휴무

양재동 화훼공판장
서울시 서초구 강남대로 27 AT Center │ 02-579-8700 │ http://yfmc.at.or.kr
OPEN 생화상가 0시-13시 │ 부자재상가 0시-15시 │ 일요일 휴무

남대문 꽃시장(남대문 대도상가)
서울시 중구 남대문시장4길 9
02-777-1709(생화·소재), 02-755-9513(조화·인테리어소품) │ www.namdaemunmarket.net
OPEN 생화상가 월~목 0시-15시, 금·토 3시-16시 │ 조화·인테리어 5시-17시 │ 일요일 휴무

꽃 시장은 시기에 따라 문을 여닫는 시간과 휴무일이 수시로 변동되기도 한다. 특히 남대문 꽃시장은 사전에 꼭 전화나 홈페이지를 통해 미리 알아보길 추천한다.

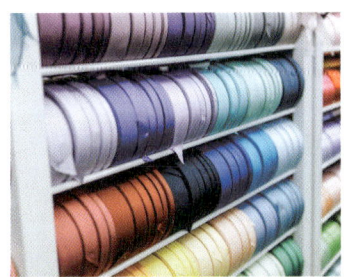

우리나라 꽃 시장의 경우 도소매의 구분이 거의 없어 개인도 방문하여 꽃을 구매할 수 있다. 기본적으로 월·수·금요일에 꽃이 들어오며 수입 꽃의 경우 화·수요일 입고된다. 생생한 꽃을 사려면 이때 방문하여 사는 것을 추천한다. 꽃은 '단' 단위로 판매되며 한 단은 기본 10송이, 혹은 꽃 종류에 따라 5송이로 구성된다. 한두 송이씩 따로 판매하는 꽃은 드물다.

꽃 시장에 갈 때는 무작정 가기보다 필요한 꽃 종류를 적은 구매목록을 미리 준비해가면 고민하지 않고 살 수 있다. 간혹 원하는 꽃이 입고되지 않은 경우도 있는데, 이럴 때를 대비해 비슷한 꽃의 종류도 몇 가지 알아가는 것도 좋다. 꽃을 살 때는 줄기와 꽃잎을 잘 살펴보고 상한 것이 없고 줄기가 길고 단단한 것으로 구매한다. 시장의 특성상 이를 일일이 다 확인하고 구매하기란 쉽지 않다. 상인의 추천을 받거나 모르는 것이 있다면 질문을 해보는 것도 좋은 방법이다.

반포 꽃 시장의 경우 반으로 나누어 한쪽은 생화 시장, 한쪽은 부자재 상가로 이루어져 있다. 부자재 상가에서는 꽃테이프, 리본 등 꽃을 다루는 데 필요한 각종 부자재를 비롯하여 조화, 화기, 인테리어 소품 등을 판매한다. 11~12월엔 크리스마스 소품들이 대부분이므로 연말 분위기를 내기 위해 소품을 사러 가기에도 좋다.

동네에서 가까운 일반 꽃집에서 꽃을 구매한다면 꽃의 개화 정도를 눈여겨 보고 사야 한다. 당장 사용할 것이 아니라면 아직 피지 않은 봉오리 상태인 꽃을 골라 오는 것이 좋다. 주인에게 사용 용도와 일자를 알려주고 추천을 받는 방법도 있다.

Flower Conditioning

꽃 다듬는 방법

1 물에 잠기는 줄기 부분의 잎을 제거한다.
  잎이 물에 오래 닿아 있으면 부패하면서 세균이 번식하게 되고 이는 꽃의 노화를 촉진한다.

2 가위로 가시를 제거해준다. 가시제거기를 사용해도 좋다.

3 줄기를 3~5cm가량 사선으로 잘라준다. 물을 흡수하는 도관의 면적을 넓혀 물 올림을 돕기 위함이다.
  카라, 히아신스 등과 같이 줄기가 무른 꽃은 일자로 잘라준다.

4 손질이 마무리된 꽃들.

5 꽃의 줄기를 자른 직후에 물에 15cm가량 잠기도록 담아준다.
  특히 여름철엔 물에 락스를 한두 방울 넣어 세균번식을 억제하는 방법도 있다.

6 바로 사용할 꽃이 아니라면 시원한 물로 매일 갈아 주어야 한다. 화기 또한 깨끗이 씻어주는 것이 좋다.
  이때 자른 줄기가 물러있다면 다시 잘라준다.

Basic Technique

부케 핸드타이드 기본 방법

Spiral
스파이럴

여러 꽃송이를 모아 잡는 핸드타이드의 기본방법은 '스파이럴'이다. 꽃의 줄기들을 한 방향으로 돌려가며 나선이 되도록 하고, 전체적인 모양이 돔 형태를 이루도록 잡아준다. 부케의 윗부분과 옆 부분을 돌려가며 전체적인 모양을 잘 체크해야 하므로 연습이 필요하다. 처음 만들다 보면 손에 힘이 많이 들어가고, 힘이 들어가면 꽃의 줄기가 상하거나 모양이 흐트러질 수 있으므로 주의해야 한다.

1 기준으로 잡은 꽃 옆으로 한 송이씩 비스듬히 교차시켜 잡는다.

2 같은 방향으로 한 송이씩 더해준다.

3 계속해서 나선형으로 꽃을 더하며 모양을 잡는다.

4 방향이 엇갈리지 않고 한 방향을 유지하도록 신경 쓴다.

5 손으로 잡고 있는 줄기 부분을 '바인딩 포인트'라 한다. 이 부분을 꽃테이프로 단단하게 감아준다.

6 아래 줄기를 20cm가량 남기고 단정하게 잘라 마무리한다.

Bouquet Stem Deco

다양한 부케 스템 장식

부케는 꽃뿐만 아니라 줄기부분 장식에 따라 분위기가 확 달라진다. 꽃의 느낌과 신부의 드레스 디테일을 고려하여 장식을 해주는 것이 좋다. 심플한 드레스라면 부케 스템 장식을 화려하게 해서 포인트를 줄 수 있고, 화려한 드레스라면 부케 장식은 과하지 않도록 심플하게 꾸며주는 것이 좋다. 기본 리본 매듭과 다양한 액세서리로 장식하는 방법을 알아보자.

BOUQUET STEM DECO

Type 1

리본 매듭

1   꽃테이프로 줄기를 고정한다.
2   리본을 10㎝가량 감아준다.
3   기본 매듭을 지어 묶는다.
4   리본 매듭으로 마무리한다.

Type 2

코르셋 매듭

1 여유 있게 자른 리본으로 줄기 아랫부분부터 감기 시작한다.
2 두 리본을 X자 모양으로 교차시킨다.
3 두 리본을 한 바퀴 돌려 원상태로 오도록 한다.
4 반복하여 감아 올려준다.
5 코르셋 매듭이 세 개 정도 보이는 것이 예쁘다.
6 기본 매듭과 리본 매듭을 지어 고정시켜준다.

Type 3

마끈 매듭

1 꽃테이프로 고정시킨 줄기에 마끈을 감아준다.
2 빈틈이 보이지 않도록 촘촘하게 감아주는 것이 깔끔하다.
3 10~15cm가량 감아주고 끝에 남은 끈은 매듭 짓는다.
4 매듭 지은 부분에 진주핀을 꽂아 넣어 고정시킨다.

Type 4

진주핀 장식

1 리본끈을 10㎝가량 감아 내려간다.
2 내려간 끈을 다시 올려 감고 잘라준다.
3 진주핀으로 위아래 고정한다.
4 앞부분에 조금 더 큰 진주핀을 이용하여 나란히 꽂아준다.

Type 5

펜던트 장식

1   리본을 10cm가량 감아준다.

2   뒷부분에 진주핀을 꽂아 고정시킨다.

3   펜던트 사이에 리본끈을 통과시킨다.

4   펜던트가 앞쪽을 보게 한 후 감는다.

5   뒷부분 남은 리본끈은 리본 매듭을 지어 마무리한다.

6   완성된 스템의 앞 모습.

Type 6

가죽끈 매듭

1 꽃테이프로 고정하지 않은 꽃을 가죽끈으로 돌려 감아준다.
2 자유로운 모양으로 단단하게 감는다.
3 10㎝가량 감은 후 가죽끈을 기본 매듭으로 묶어준다.
4 리본 매듭으로 완성한다.

Bouquet Packaging

부케 관리 및 포장 방법

예식 전 만들어 둔 부케는 물에 꽂은 상태로 직사광선을 피해 서늘한 곳에 보관하면 된다. 예식장으로 출발할 때는 박스에 포장해서 이동하는데, 메이크업 등 준비 시간이 길다면 부케 포장 전에 워터픽을 이용해 꽃이 생생하게 살아있을 수 있도록 물을 공급해주어야 한다.

워터픽이 없다면 일회용 비닐팩을 이용하여 물주머니를 쉽게 만들 수 있다. 비닐팩에 물을 종이컵 반 컵 정도 담고 부케 줄기가 잠기게 담은 후 끈으로 물이 새지 않도록 밀봉해주면 된다.

예식 후 부케는 보통 친구에게 던지는 용도로 사용되며, 100일 동안 말려서 다시 신부에게 돌려주면 행복하게 잘 산다는 이야기가 있다.

부케를 말릴 때는 다발로 묶여 있는 단을 풀어 한 송이씩 말려주는 것이 좋다. 다발로 말리면 맞닿아 있는 꽃들이 마르면서 서로 영향을 받아 수분으로 인해 곰팡이가 피거나 썩을 수 있기 때문이다. 직사광선을 피해 서늘한 곳에서 꽃송이가 아래로 향하도록 거꾸로 매달아 말리면 되는데, 완전히 마르기까지는 계절에 따라 일주일에서 열흘 정도 걸린다. 손으로 만졌을 때 바스락하는 느낌이 나고 꽃받침 부분에 수분기가 없으면 잘 마른 것이다. 이를 드라이플라워 다발로 만들어 화병에 꽂아 장식해도 되고, 꽃잎만 모두 떼어 예쁜 병에 담은 후 다시 신부에게 선물하는 것도 좋다.

How to

포장 방법

1   포장지는 한지 같은 부드러운 종이로 준비한다.
2   부드러운 포장지로 부케를 감싸듯 잡아준다.
3   반대편도 같은 방법으로 감싸듯 포개어 잡는다.
4   부케 전용 박스에 바로 세워 넣어준다.
5   남은 공간에 흔들림 방지를 위해 포장지로 채워준다.
6   뚜껑을 덮고 리본을 묶어 완성한다.

Lovely　　Vintage　　French　　Modern

Self Wedding Photos

셀프 웨딩 촬영

틀에 박힌 웨딩 사진이 아닌, '우리'가 만드는 결혼 이야기.
거창하고 화려한 웨딩 스튜디오 사진보다
소박하지만 우리 둘만의 이야기를 담고 싶은 마음.
이것이 바로, 남의 손을 빌리지 않고
웨딩 촬영을 직접 하는 커플이 생겨나기 시작한 이유이지 않을까?
조금 서툴더라도 손수 준비한 옷과 부케, 소품들로
영화나 동화 속 꿈꾸던 장면의 주인공이 되어보는 날이다.

SELF WEDDING PHOTOS

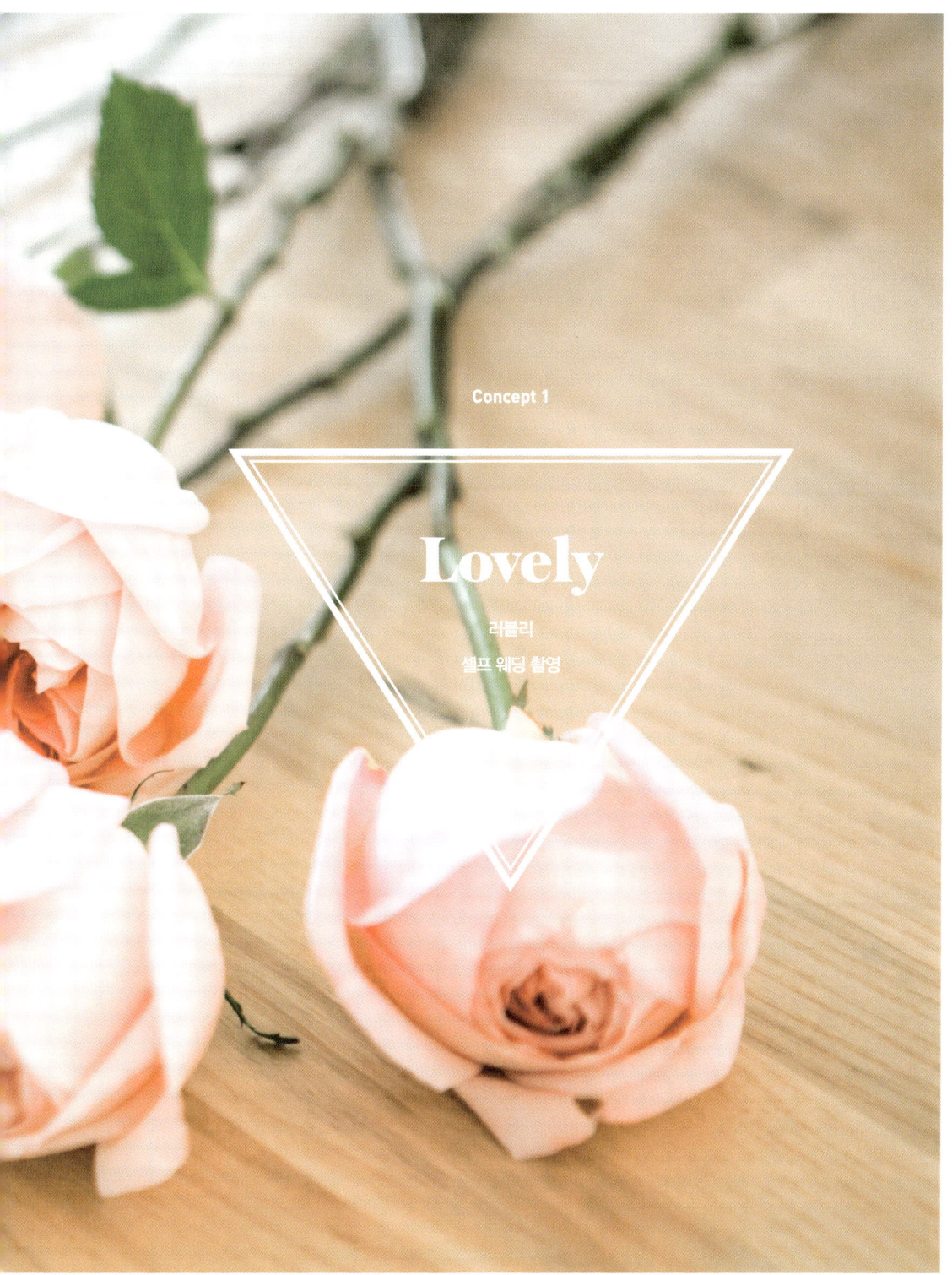

하얗고 풍성한 드레스의 소녀 같은 그녀,
탐스러운 핑크빛 부케로 사랑스럽게 연출하기.

보야주 꽃을 처음 봤을 때 떠오른 건
작고 아담한 체형의 소녀 같은 신부의 모습이었다.
새하얀 벨 라인 드레스를 입고,
수줍은 듯 두 뺨을 붉게 물들인 채 핑크빛 부케를 들고 서 있는 그녀.
이보다 더 사랑스럽고 앙증맞은 신부가 또 있을까?

딸기우유 같은 사랑스러운 컬러에 큼지막한 꽃송이.
탐스럽다는 말은 바로 보아주를 보고 하는 말인 듯싶다.
활짝 피기 전 몽글몽글한 상태일 때가 가장 예쁜 꽃인데, 보고 있기만 해도
가슴 한구석이 간질간질 설레게 하는 묘한 매력이 있는 아이.

부케를 만들 땐 늘 드레스를 입은 신부가 이 부케를 들고 있는 모습을 떠올리곤 한다.
오직 그녀만이 들 수 있는 단 하나의 부케가 되길 바라며,
그리고 세상에서 가장 사랑스러운 신부가 될 수 있길 바라면서.

LOVELY

창 너머로 은은하게 비치는 아침 햇살에 눈을 뜨고, 나른하게 기지개를 켜면서
애정 어린 눈빛으로 서로를 응시하는 연인을 떠올린다.
그녀의 티끌 없는 얼굴을 바라보는 그의 표정,
그리고 그 숨길 수 없는 감정을 온몸으로 느끼는 그 순간,
그녀는 가장 행복한 여자이지 않을까?
이제 곧 평생의 연을 맺게 될, 달콤한 솜사탕 같은 연인의 모습을 그리며,
나는 문득 한 다발의 꽃을 선사하고 싶어진다.

Lovely Flower

보야주, 히아신스, 아스틸베, 디디스커스, 램스이어

Bouquet

러블리 부케

1. 불필요한 잎과 가지를 정리하고 가시를 제거한다. 히아신스 줄기를 자르면 나오는 미끈한 수액은 알레르기를 유발할 수 있다. 살이 연한 부분에 닿거나 눈에 들어가지 않도록 주의하고, 될 수 있으면 원예장갑을 끼고 만지는 것이 좋다.
2. 화형이 큰 보야주를 중심으로 히아신스를 섞어가며 윗부분은 둥글게, 줄기는 나선 방향으로 돌려 잡아준다.
3. 준비한 꽃들의 색감을 파악하고 조화롭게 섞어 모양을 만든다.
4. 사용하는 디디스커스나 아스틸베 소재들의 높낮이를 달리하여 자연스러운 모양이 되도록 한다.

5   적당한 크기로 만든 후 전체적인 모양을 살피고, 빈틈이 있으면 적절한 꽃을 꽂아 메워준다.
    이때 한 손으로 잡고 있기 힘들다면 꽃테이프를 한 번 감아주어도 좋다.

6   램스이어를 사용하여 사이사이 싱그러움을 더해주고 아스틸베로 빈틈을 채운다.

7   꽃테이프를 감아 단단히 고정한다.

8   어울릴 만한 리본을 골라 손잡이가 될 줄기 부분을 감아주고 리본을 묶어준다.

Boutonnière

러블리 부토니아

1 부토니아에 쓸 꽃을 예쁘고 앙증맞은 사이즈로 고른 후,
   보아주를 중심으로 작은 히아신스 줄기를 옆에 덧대어준다.
2 아스틸베를 히아신스 옆에 매치시켜 둘의 균형감을 맞춘다.
3 램스이어 잎을 아스틸베 옆에 매치해 싱그러움을 더한다.
4 부케에는 쓰이지 않았던 러스커스 잎을 보아주 뒤쪽 사이에 위치시키고, 꽃테이프로 단단히 고정한다.
5 부케와 같은 리본끈을 골라 감아준 후 리본을 묶는다.
6 줄기는 전체 길이가 10cm 정도 되도록 잘라준 후 마무리한다.

Concept 2

빈티지
셀프 웨딩 촬영

드넓게 펼쳐진 풀밭 사이로
바람이 스치는 소리가 상쾌하다.
체크무늬 보타이를 맨 신랑과 빈티지 드레스를 입고
마주선 신부의 모습이 과하지 않고 자연스럽다.
잔잔한 영화의 스틸컷 같은 이 장면에
그대로 녹아들 부케를 만든다면…

가끔은 꽃보다 열매가 예뻐 보일 때가 있다.
하얀 꽃이 지고 그 자리에 맺힌 앙증맞은 열매.
화려하진 않지만 꽃과는 또 다른 매력이 있다.

부케를 만들 때 늘 '어울림'을 생각한다.
제각기 다른 소재와 꽃이 모여 하나의 부케로 탄생하기까지
조화로움을 유지하려 신경 쓴다.
그러다 보면 색깔, 모양, 크기, 질감
어느 것 하나 중요하지 않은 것이 없다.
서로 다른 두 사람이 만나
하나의 인생을 만들어갈 때도 마찬가지다.
그렇게 사소한 데서부터 하나둘 맞춰가다 보면
어느새 한 다발의 꽃으로 피어난다.

빈티지 드레스를 선택했다는 신부의 말에
머릿속에 가장 먼저 떠오른 꽃은 바로
'왁스플라워'와 '브러싱브라이드'.
화려하지 않아도 좋다. 큼지막한 꽃송이가 아니어도 좋다.
올망졸망한 꽃들이 모여 수수한 매력을 뽐내니까.
특히나 왁스플라워를 가만히 보고 있자면
어릴 적 그리던 꽃의 모양이 떠오른다.
꽃잎 다섯 장에 가운데 동그란 꽃 수술까지.

Vintage Flower

왁스플라워, 씨드 유칼립투스, 신지매, 다정금, 레드베리, 브러싱브라이드

Bouquet

빈티지 부케

1   왁스플라워와 브러싱브라이드를 맞대어 잡아준다.
2   모양이 들쭉날쭉 자연스럽게. 하지만 전체적인 모양은 둥근 형태를 유지하도록 꽃을 더해준다.
3   씨드 유칼립투스, 다정금, 신지매, 레드베리를 사이사이 넣어준다.
4   꽃을 계속 더해가며 둥근 형태로 만들어준다.
5   적당한 크기로 만들어 졌으면 전체적인 모습을 살피고, 더하고 싶은 부분을 씨드 유칼립투스로 채워준다.
6   줄기 부분을 꽃테이프로 단단히 고정시키고, 마끈을 이용하여 리본 없이 깔끔하게 매어 진주핀으로 고정시켜준다. 아래 줄기는 일자로 반듯하게 잘라서 마무리한다.

Boutonnière

빈티지 부토니아

1 왁스플라워를 맞대어 잡는다.
2 다정금 열매, 레드베리, 신지매를 왁스플라워에 섞어준다.
3 부케에는 쓰이지 않았던 러스커스 잎을 추가로 더하고, 레드베리를 꽃 뒤쪽으로 섞어 잡아준다.
4 꽃테이프로 고정하고 부케와 마찬가지로 마끈을 이용해 줄기를 잘 감아준 후 리본을 묶어준다. 남은 줄기는 깔끔하게 잘라서 마무리한다.

Concept 3

French

프렌치
셀프 웨딩 촬영

신부라고 모두 찰랑찰랑한 긴 머리를
깔끔하게 틀어 올릴 필요는 없지 않을까?
단발머리의 발랄한 소녀 같은 그녀,
통통 튀는 컬러의 꽃으로 한층 화사하고 생기 있게.

상큼 발랄한 매력의 단발머리 그녀에겐 쇼트 베일, 미니드레스
그리고 선명한 색감의 다양한 꽃들이
자연스럽게 어우러지는 프렌치 부케가 잘 어울린다.
티 없이 맑은 그녀의 해사한 웃음을 밝혀주는 꽃이다.

FRENCH

유난히 맑았던 하늘, 그리고 창 너머로 들어오던 따사로운 햇살.
이날은 살랑살랑 부는 바람마저 시원했다.
스튜디오 한편에 물 올림 중이었던 꽃잎에도 밝은 빛이 내려 닿았고,
나는 반짝이는 꽃잎을 보는 것만으로도 기분이 좋았다.
작업 전 준비된 꽃들을 바라보면 어떤 부케가 완성될지 설렌다.
사랑하는 사람을 볼 때만큼이나!

빨강과 녹색, 그리고 보라와 노랑…
서로 대비되는 보색 조합이 오히려 각각의 색들을 더 빛나게 한다.
연인과 부부도 마찬가지 아닐까?
완전히 다른 삶을 살아온 두 남녀가 함께할 때
또 다른 색으로 빛나는 것처럼.

완성된 부케를 보니 청량한 여름날에 참 예쁘겠다는 생각을 했다.
영화 〈어바웃 타임〉 포스터 속의 사랑스러운 여주인공도 떠오른다.
온통 푸르름이 가득한 곳에 하얀 드레스, 꾸밈없이 명랑한 웃음,
그리고 이 부케의 어울림은 보는 이에게도 미소를 자아내게 하는 조합이다.

French Flower

스위트부부젤라, 아스틸베, 헬리옵시스, 다르시로즈, 테스로즈, 유니폴라, 투베로사, 옐로우 카라, 무스카리, 바이올렛 샐비아

Bouquet

프렌치 부케

1   스위트부부젤라를 중심으로 준비한 꽃들을 둥근 형태로 잡아준다.

2   화형이 큰 꽃들과 작은 꽃들을 조화롭게 섞어가며 만들어준다.
    이때, 작은 화형의 꽃과 소재는 큰 화형의 꽃보다 더 높이 위치하도록 한다.

3   카라는 머리가 부케의 중심부를 향하도록 잡아준다.

4   다양한 색감을 사용하기 때문에 같은 색깔이 나란히 위치하지 않도록 골고루 잘 섞어주어야 한다.
    보색을 생각하며 조합해주도록 하자.

5 형태가 망가지지 않도록 테이프로 감아 고정시켜준 후 다시 이어 간다.
6 전체적인 모양을 보고 빈 공간이나 겹치는 색감이 있는지 잘 살펴본 후 필요한 꽃들을 채워 간다.
7 모양이 잘 잡혔으면 작은 꽃과 소재들로 높낮이를 달리하여 섞어준다.
8 꽃테이프로 단단히 고정하고 사용한 꽃들과 겹치지 않는 컬러의 리본끈을 감아준다.
  아래 줄기는 일자로 반듯하게 잘라 마무리한다.

Boutonnière

프렌치 부토니아

1 테스로즈를 중심으로 다양한 꽃들을 섞어 잡아준다.
2 작은 꽃과 소재들은 중심인 테스로즈의 뒤편에 위치하도록 한다.
3 러스커스 잎을 뒤편에 위치시켜준 후 작은 꽃들의 높낮이를 다듬어준다.
4 꽃테이프로 고정한 후 부케와 같은 리본끈을 감고 매듭짓는다.
   줄기는 반듯하게 잘라 마무리한다.

SELF WEDDING PHOTOS

몸매를 타고 흐르는 세련된 실그 머메이드외 드레스.
'머메이드 드레스엔 카라'라는 공식을 늘 따르는 건 아니지만
이번만큼은 그 공식을 믿어 의심치 않는다.
그녀의 스타일링을 더욱 돋보이게 해줄 부케로
곧은 줄기는 리본 없이 심플하게, 꽃과 호엽란으로 우아함을 살렸다.

MODERN

카라만큼 기품있는 꽃이 또 있을까?
곧은 직선과 단아한 곡선이 어우러져
이보다 더 우아할 순 없다고 말해주는 듯하다.
짙은 향기를 가진 꽃은 아니지만
시크한 색감 때문인지
진하고 묵직한 향이 나는 것만 같다.

Modern Flower

호엽란, 레드베리, 와인카라

Bouquet
모던 부케

1. 카라 한 송이를 중심으로 둥근 형태를 만든다. 이때, 꽃의 방향이 가운데를 보도록 잡아준다.
2. 사이사이에 레드베리와 호엽란을 섞어준다.
3. 카라 높낮이를 서로 다르게 하여 잡아주는데, 전체적인 모양은 둥근 형태를 유지하도록 한다.
4. 레드베리와 호엽란이 한곳에 뭉치지 않도록 카라 사이사이에 잘 배치시켜준다.
5. 전체적인 모양을 살피고 소재들이 잘 보일 수 있도록 높이를 조절해준다.
6. 줄기가 물러지지 않도록 꽃테이프를 미리 늘어뜨려 접착력이 생기게 한 후 얇게 감아 2단으로 고정한다.

7 호엽란으로 꽃테이프 위를 감싸 이중 매듭으로 묶어 고정시켜준다.
8 테이프가 감겨 있지 않은 중간 부분과 아랫부분도 호엽란으로 감싸 이중 매듭으로 고정한다.
9 호엽란을 자르지 않도록 주의하며 꽃테이프를 잘라 제거한다.
10 매듭이 풀리지 않도록 진주핀을 꽂아 단단하게 고정하고 줄기 아래쪽을 반듯하게 잘라 마무리한다.

MODERN

Boutonnière

모던 부토니아

1 중심이 되는 카라 한 송이를 잡고 호엽란 세 줄기를 부채꼴 모양으로 잡는다.
2 꽃테이프로 줄기가 물러지지 않도록 주의하며 고정시켜준다.
3 부케와 마찬가지로 호엽란으로 감싸 이중 매듭으로 고정한다.
4 꽃테이프 제거 후 진주핀을 꽂는다.

Bouquet for Hanbok

한복을 위한 부케

한복에 부케라니, 생소할 법도 하다.
하지만 웨딩드레스 못지않게,
한복을 입고 꽃을 든 신부도 아름답기 그지없다.

한복을 입는다고 생각하니 가장 먼저 떠오른 건 '낙상홍 열매'와 '심비디움'.
신부의 붉은색 치맛자락과 잘 어울리는 조합이었다.
더구나 어디선가 자수로 봤을 법한 모양새는 어쩐지 전통미가 느껴진다.
심비디움의 꽃잎은 마치 치마폭을 펼친 듯하고,
낙상홍의 곧은 줄기는 꼿꼿하고 단아한 자태의 여인을 닮았다.

심비디움의 고즈넉함이 참 좋다.
볼수록 빠져드는 묘한 매력을 가진 꽃.
맑고 옅은 색감의 차분함이 한복을
더욱 돋보이게 해주리라 생각했는데 역시 그랬다.
은은하게 어우러진 모습이 한 폭의 동양화를 떠올리게 한다.

새하얀 한복드레스를 처음 보았을 때
생각했던 것보다 너무 아름답고 고급스러워서 놀랐다.
아마 동그랗고 짙은 색감의 부케였다면 이 한복의 매력을 살리지 못했을 것이다.
고개를 떨군 채 수줍은 듯 피어나는 꽃.
줄기의 자연스러운 곡선과 빈티지한 꽃의 조화가 참 좋다.
헬레보루스의 정형화되지 않은 모양새가
오히려 멋스럽고 수수한 매력으로 한복드레스의 청순함에 녹아든다.

Cymbidium Bouquet

심비디움, 낙상홍, 남천

How to
심비디움 부케

전통 한복에 어울리는, 단아한 난꽃 부케

1 심비디움은 위에서부터 5~6송이만 남기고 아래 줄기 부분을 깔끔하게 정리한다.

2 낙상홍도 열매가 떨어지지 않도록 주의하며 아래 가지들을 제거해준다.

3 심비디움 두 가지를 잘 섞어 잡는다.

4 낙상홍을 포인트로 골고루 섞어가며 심비디움을 더해준다.

5 흐트러지지 않도록 꽃테이프로 고정시킨 후 계속해서 만들어준다.

6 남천 잎을 사이사이 섞어 단조로움을 피한다.

7 적당한 사이즈로 완성되면 꽃테이프로 고정하고, 어울리는 리본을 골라본다.

8 리본끈을 결정해 감아준 후 줄기는 반듯하게 잘라 마무리한다.

CYMBIDIUM BOUQUET

Helleborus Bouquet

헬레보루스

BOUQUET FOR HANBOK

How to

헬레보루스 부케

간단하게 만들어 볼 수 있는 원플라워 부케

1　헬레보루스 한 단을 준비하고 불필요한 줄기를 제거한다.
2　여러 줄기를 모아 한데 잡는다.
3　꽃테이프를 감아 고정한다.
4　레이스끈을 감아 묶고 리본으로 매듭 지으면 완성.

신부에게 친구들의 우정이 비처럼 쏟아진다는
의미를 담은 '브라이덜 샤워(Bridal Shower)'

결혼 전, 예비신부와 친구들이 모여
행복을 빌며 축하하는 마음을 나누는 파티다.
이제 더는 없을 것 같은 이 하루를 신나게 즐기는 시간,
꽃과 드레스, 달콤한 디저트는 당연히 빠져선 안 될 것!
함께 테이블을 꾸미고 머리부터 발끝까지 예쁘게 단장하며
두고두고 잊지 못할 추억을 만들 생각에 맘이 설렌다.

평소엔 처다보지도 않던 레이스 드레스를 입고
거울을 보고 화장을 고치는 서로의 모습이 낯설지만 즐겁다.
친구의 결혼을 축하하기 위해 모인 자리,
밤새 수다를 떨어도 모자랄, 함께해온 추억들.
서로의 옷매무새를 만져주며 괜히 가슴이 뭉클하다.
손수 글씨를 쓴 가랜드와 준비한 음식들, 화병 가득 꽂은 꽃들.
어느 곳 하나 애정 어린 마음이 담기지 않은 곳이 없다.
때론 친구처럼, 때론 연인처럼 그렇게 잘 살아주기를
친구의 행복을 진심으로 바라는 말과 눈빛이 곳곳에 전해 닿는다.

'여자'로서 한껏 차려입은 오늘은, 평소에 하지 못했던 것들을 해본다.
친구들은 손목에 꽃 팔찌를 차고 머리에는 예쁜 헤어 코사지를 달았다.
손길 하나하나에 애정이 묻어나고 눈빛과 목소리에 웃음이 번진다.

화이트 레이스 소재의 드레스를 입고 아담한 레드 튤립 부케를 든
예비신부의 모습에 한 남자의 여자가 된다는 사실이 실감 나는 순간.
결혼을 앞둔 그녀도, 친구들도 괜히 묘한 기분이다.

LET'S BRIDAL SHOWER

LET'S BRIDAL SHOWER

웃고 떠들며 기분 좋게 와인 한 잔.
밤새 지칠 줄 모르고 이어지는 지난 추억들에 관한 수다와
굳이 말로 하지 않아도 충분히 알 수 있는 그 모든 것들.
사소한 장난과 농담에도 소녀처럼 깔깔대며 그저 즐겁다.

"나, 부부싸움 해서 집 나오면 받아줘야 해?"
"아무리 싸워도 우리 집 올 생각은 꿈에도 하지 마."
새초롬하게 째려보는 그녀의 어깨를
친구는 그저 웃으며 가볍게 두드린다.
마음을 기댈 수 있는 친구가 있다는 것,
새로운 인생으로 나아갈 수 있는 용기를 줄 친구가 있다는 것.
그것만으로도 코끝이 시큰해지는, 가슴 따뜻한 밤이다.

Bouquet

레드 튤립, 오렌지 카라, 아스트란시아, 왁스플라워

레드 컬러 튤립과 오렌지 카라를 중심으로 하고, 베이지 색감의 작은 꽃들을 믹스해 자연스럽게 연출한 부케

1 튤립과 카라를 맞대어 잡고 사이사이 아스트란시아와 왁스플라워를 섞어준다.
2 플랫스타일의 부케로. 형태는 공처럼 둥근 것이 아니니 앞에서 보았을 때 둥근 형태로 모양을 잡아준다.
3 튤립과 카라, 그리고 소재들을 사이사이 더해가며 만든다.
4 멀리서 전체적인 모양을 살펴보고 꽃테이프로 고정한다.
5 마끈으로 감으면서 헬레보루스 꽃송이를 더해 장식해준다.
6 마끈은 핸들 뒷면에 매듭지어 고정하고 줄기는 가지런히 잘라 마무리한다.

Flower Crown

파블로 유칼립투스, 아스트란시아, 아이스윙, 헬레보루스

그린과 아이보리 컬러를 사용하여 자연스럽고 깨끗한 느낌의 화관

1 얇은 와이어를 준비하고 양 끝을 둥글게 말아 꼬아준다.
2 파블로 유칼립투스 사이사이에 꽃테이프를 감아 와이어에 고정시키며 둘러준다.
3 잘라둔 꽃송이를 한 방향으로 눕혀서 꽃테이프로 감아 고정시킨다.
4 튀어나온 줄기는 보이지 않도록 깔끔하게 자른다.
5 꽃이 한곳에 뭉치지 않도록 적당한 간격을 두며 골고루 섞어 만든다.
6 양끝에 만들어둔 고리에 레이스끈을 연결하여 리본을 묶어주면 완성이다.

BRIDAL SHOWER CROWN

Flower Bracelet

덴파레, 헬레보루스, 러스커스, 레드 모카라

부케와 비슷한 톤으로 연출한 신부 친구들을 위한 꽃 팔찌

1. 덴파레와 헬레보루스 줄기를 5cm가량 남기고 잘라 준비한 후, 이 두 종류의 꽃을 하나씩 모아 잡는다.
2. 앞쪽은 레드 모카라로 포인트를 주고 뒤쪽은 러스커스 잎으로 받쳐준 후 테이프를 감아 고정한다.
3. 줄기 부분에 레이스끈을 감아 리본을 묶어 준다.
4. 남은 줄기는 레이스 바로 아래까지 살라 마무리한다.

Flower Corsage

파블로 유칼립투스, 레드베리, 덴파레, 왁스플라워, 헬레보루스

헤어 장식이나 버튼홀 장식으로 쓸 수 있는 코사지

1   꽃과 소재는 10㎝ 정도 길이로 잘라 준비하고, 덴파레를 중심으로 왁스플라워와 레드베리를 섞어준다.
2   파블로 유칼립투스와 헬레보루스를 빈 공간에 채운다.
3   꽃테이프로 고정하고 리본을 묶어준 후 줄기를 단정하게 잘라 마무리한다.
4   헤어 코사지, 가슴에 다는 코사지로 다양하게 활용할 수 있다.

Flower Cake

2단 케이크, 호일, 덴파레, 레드 모카라, 레드베리, 헬레보루스, 아스트란시아

생화 장식으로 파티를 더욱 빛내줄 케이크

1 장식 없이 아이싱까지 끝낸 2단 케이크를 준비한다.
2 사용할 꽃들은 3~5cm 길이로 자르고 깨끗하게 씻어, 줄기 부분을 호일이나 랩으로 감싼다.
3 1단 윗부분을 장식한다. 꽃이 부러지거나 상처가 생기지 않도록 주의한다.
4 레드 컬러를 포인트로 잡고 레드베리와 모카라를 조화롭게 꾸며준다.

5 초록빛이 은은하게 섞여 있는 헬레보루스와 아스트란시아를 덴파레와 아이스윙 옆으로 오게 장식한다.
6 2단 윗부분 중앙에 먼저 아이스윙으로 자리를 잡고. 포인트 컬러인 레드모카라를 곁들여 꾸며준다.
7 사이사이 아스트란시아와 헬레보루스를 섞어가며 둥근 형태로 만들어준다.
8 완성된 케이크의 모습.

Table Decoration

덴파레, 헬레보루스, 은엽 아카시아, 금어초, 왁스플라워, 모카라

생화를 이용하여 간단하게 꾸며볼 수 있는 테이블 장식

1. 와인 잔에도 간단한 장식으로 분위기를 바꿀 수 있다. 두 송이의 꽃을 모아 잡고 가는 끈이나 리본으로 묶어준 후 와인 잔에 감아 리본 매듭으로 마무리한다. 이때, 와인 잔을 잡는 데 불편하지 않을 정도의 작은 꽃을 선택해야 한다.

2. 준비한 화병에 물을 반쯤 채우고 여러 송이의 꽃을 한 손에 모아 잡고 높낮이를 조절해준 후 화병에 꽂는다. 한 송이씩 따로 꽂아도 좋다. 비슷한 색감으로 자연스럽게 연출하거나, 사진처럼 포인트 컬러를 이용하여 생동감을 줄 수도 있다. 꽃을 오래 보기 위해서는 물 관리가 중요하다. 물을 매일 한 번 갈아주고 화병도 깨끗이 씻어주는 것이 좋다. 이틀에 한 번 정도 줄기를 2~3cm 잘라주면 더욱 오래 볼 수 있다.

Small Wedding

우리 둘만의 작은 결혼식

당신이
꿈꾸는 결혼은
어떤 모습인가요?

보통의 결혼식이라면 신랑·신부가 준비해야 할 것들이 많지는 않다.
웨딩홀 혹은 웨딩플래너가 알아서 챙겨주는 것이 대부분이니까.
하지만 예물, 예단, 예식장 등 불필요한 것들을 생략하고
사소한 것 하나하나 직접 발품을 팔아 준비하는 '스몰웨딩'은 다르다.
소박한 공간을 꽃으로 꾸미고 피로연이 이루어질 테이블까지 정성스레 준비해
소중한 사람들이 모인 자리에서 올리는 소규모 결혼식.
내 손으로 고른 꽃 한 송이, 손수 쓴 청첩장…
작은 수고와 마음이 우리 생에 단 한 번,
의미 있는 날을 더욱 특별하게 빛내준다.

남들과 똑같은 예식장이 아닌,
우리만의 추억이 담길 특별한 공간에서 올리는 결혼식.
손수 쓴 웰컴 사인보드가 신랑·신부보다 먼저
소중한 친구와 가족들을 반갑게 맞이한다.
한 걸음 내딛는 순간, 가슴에 따뜻한 설렘이 퍼지는 듯한 기분.
모두가 들뜬 오늘, 풋풋한 연인은 비로소 부부가 된다.

SMALL WEDDING

붉은 빛이 환하게 들어오는 커다란 창가,
평소 좋아하는 색감의 꽃을 화병에 꽂아 올려두었다.
쨍한 오렌지 컬러가 마음을 더욱 설레게 하는
이 꽃의 이름은 '알스트로메리아'인데,
물만 잘 갈아주면 2~3주 동안 두고두고 볼 수 있다고.
결혼식이 끝나면 하객들에게 선물할 생각으로 고심해서 골랐다.
신랑·신부의 고마운 마음이 고스란히 전해질 수 있기를!

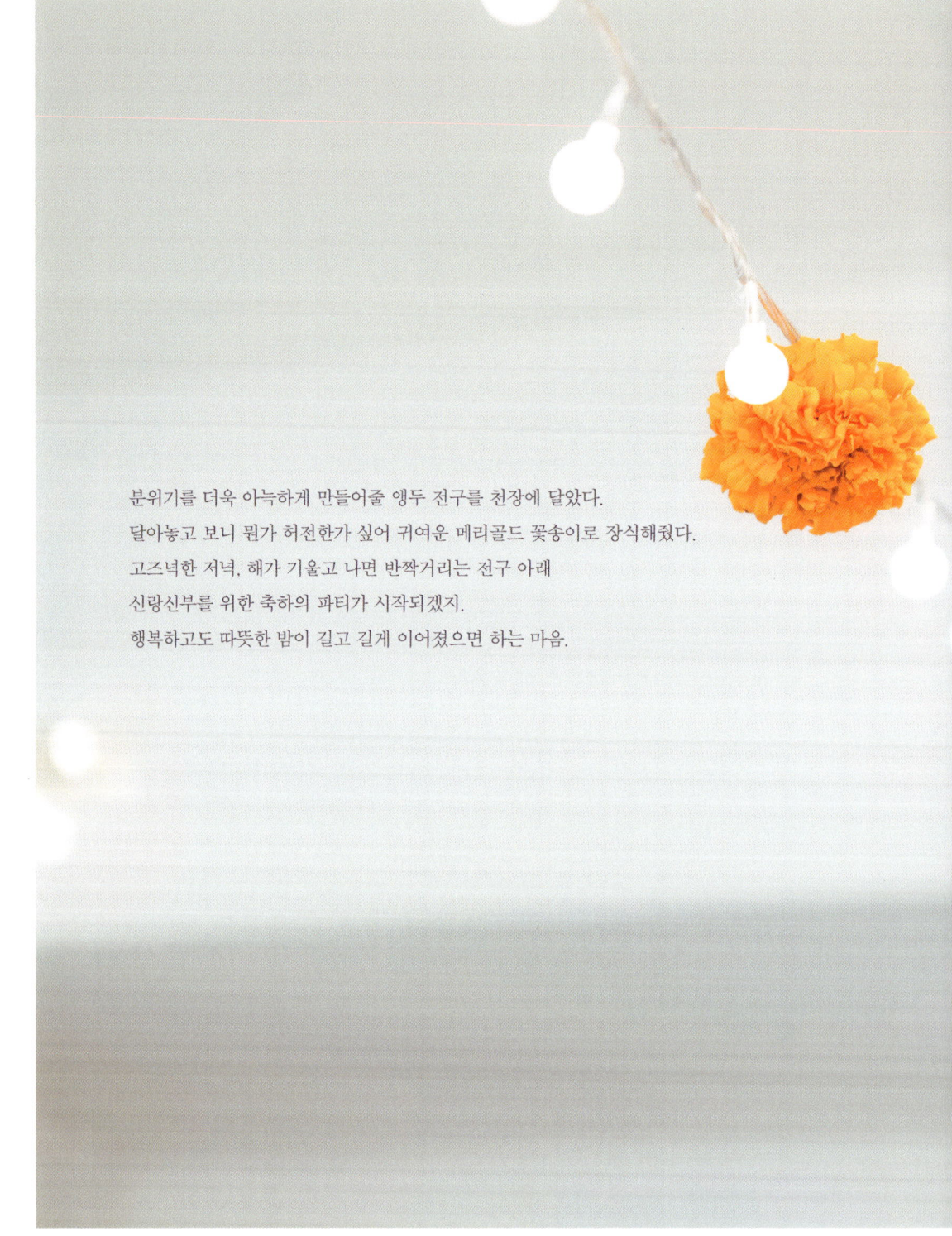

분위기를 더욱 아늑하게 만들어줄 앵두 전구를 천장에 달았다.
달아놓고 보니 뭔가 허전한가 싶어 귀여운 메리골드 꽃송이로 장식해줬다.
고즈넉한 저녁, 해가 기울고 나면 반짝거리는 전구 아래
신랑신부를 위한 축하의 파티가 시작되겠지.
행복하고도 따뜻한 밤이 길고 길게 이어졌으면 하는 마음.

우리만의 작은 파티가 시작될 이 공간을
작은 떨림과 행복을 담아 소담한 꽃으로 꾸몄다.
테이블엔 싱그러운 풀잎 위에 정갈하게 커트러리를 놓고
물을 담은 유리잔에 캔들을 띄워 분위기를 내어본다.
그러고 보면 참 신기하다.
꽃의 존재만으로도 괜히 기분 좋은 웃음이 난다는 것,
화려한 소품들로 장식하지 않아도 공간이 한결 풍성해진다는 것.

떨리는 목소리로 사랑을 맹세한 두 사람이
비로소 서로의 네 번째 손가락에 반지를 끼웠다.
이제 정말 평생을 함께할 인생의 동반자가 되었음이 실감 나는 순간.
같이 웃고 울었던 지난 추억들이 영화필름처럼 스쳐 지나가고
복잡미묘한 감정들이 뒤섞여, 괜히 눈물을 훔친다.

"우리, 잘 살 수 있을까?"
"그럼. 서로 발맞추어 잘 걸어보자."

오늘. 부부가 된 연인은
새삼 달콤한 고백을 읊조려본다.

평생 아껴주고 이해하며 사랑하겠다던 그 약속을
소중한 사람들 앞에서 다시 한 번 맹세한다.
서툴고 풋풋했던 사랑이 한층 깊고 성숙해진 모습으로 피어난다.
누구나 하는 다짐이지만, 항상 처음과 같을 순 없을 것이다.
다만 서로가 서로에게 먼저 좋은 사람이 되고,
그렇게 같이 채워가는 삶이 되기를.

Wedding Bouquet

헬레보루스, 오렌지 모카라, 오렌지 카라, 씨드 유칼립투스

'천 년의 사랑'이라는 꽃말을 가진 카라 부케

하늘은 높아져 가고 바람도 제법 서늘해지는, 완연한 가을이었다. 문득 떠오른 건 따뜻한 색감의 오렌지색 카라.
레이스 소재의 드레스를 고려해 모카라로 디테일을 살리고 씨드 유칼립투스로 생동감을 주었다.
가을의 야외예식에도 잘 어울리는 부케다.

1   카라 두 송이를 맞대어 잡고, 그 사이에 모카라를 더해준다.
2   헬레보루스를 사이사이 섞어준다. 한곳에 뭉치지 않도록 주의한다.
3   계속해서 카라와 모카라를 더해가며 풍성하게 만들어준다.
4   다발이 흐트러지지 않도록 중간에 한 번 꽃테이프로 고정시켜준다.

5 씨드 유칼립투스를 허전한 곳에 채워준다.
  열매 부분과 잎 부분이 잘 보이도록 꽃보다 높이 위치하게끔 꽂아준다.

6 다시 꽃테이프로 고정한 후, 헬레보루스 줄기를 10㎝ 길이로 잘라 준비한다.

7 자른 헬레보루스를 부케의 줄기 부분에 덧대어 마끈으로 감아준다.

8 마끈은 뒷부분에 매듭으로 고정시켜 짧게 자르고, 줄기는 반듯하게 잘라 마무리한다.

Wedding Boutonnière

루모라, 오렌지 카라, 오렌지 모카라, 헬레보루스

부토니아

부토니아는 신부의 부케와 같은 꽃을 사용하여 같은 분위기를 연출하는 것이 중요하다.

1　카라와 모카라를 가지런히 잡는다.
2　헬레보루스를 살짝 아래 위치하도록 잡아주고 뒷면은 루모라로 받쳐준다.
3　꽃테이프로 고정한 후, 부케와 같이 마끈으로 감아 리본 매듭짓는다.
4　줄기는 끈 바로 아래에서 잘라 마무리한다.

Flower Crown

오렌지 미니장미, 오렌지 모카라, 헬레보루스, 델피늄, 파블로 유칼립투스, 씨드 유칼립투스

신부의 티아라가 되어줄 화관

부케와 비슷한 색감으로 제작하여 통일감을 주고, 짙은 컬러의 꽃으로 포인트를 주면 실패할 위험이 없다.

1   파블로 유칼립투스 줄기의 잔가지를 제거하고 길게 다듬어 준비한다.
2   줄기끼리 이어서 화관 틀을 만든다.
3   둥글게 연결한 화관 틀의 모습.
4   꽃과 소재는 3cm 정도 길이로 잘라 준비한다.

5   꽃을 한 방향으로 눕혀 화관 틀에 꽃테이프로 감아 고정시킨다.

6   튀어나온 줄기는 깔끔하게 제거한다.

7   포인트 컬러 오렌지 색의 모카라와 미니 장미를 사이사이 골고루 자리 잡아준다.

8   소재와 꽃이 조화롭도록 계속 이어가며 완성시킨다.

Table Center Piece

직사각 플로랄폼, 메리골드, 마르샤로즈, 옐로우 퐁퐁, 미니소국, 스마일락스, 황금사철, 남천나무

테이블 센터피스

인생에서 새로운 길을 걸어갈 두 사람을 축복하는 자리. 그 마음을 담아 풍성한 센터피스를 만들었다. 테이블의 크기가 크지 않아 시선을 가리는 높은 화기를 쓸 수 없었다. 대신 긴 플로랄폼 두 개를 이어 붙여 만든 꽃꽂이 센터피스로 테이블을 장식했다.

1 물을 흡수한 직사각 플로랄폼 두 개를 이어 붙인다.
2 먼저 황금사철을 줄기 3㎝ 정도로 잘라서 꽂아서 베이스를 만들어준다.
  이때 한곳에 너무 뭉치지 않도록 골고루 적당한 간격을 두고 꽂아준다.
3 전체적인 높이를 어느 정도로 할 건지 생각하여 일정한 높이로 파블로 유칼립투스를 골고루 꽂아준다.
4 메리골드를 비슷한 간격을 두고 꽂는다.

5　마르샤로즈를 메리골드와 지그재그 방향으로 꽂아준다.
6　옐로우 퐁퐁을 메리골드와 마르샤로즈 사이사이에 조화롭게 꽂는다.
7　미니소국으로 빈틈을 잘 메워 꾸며준다.
8　붉은빛이 도는 남천나무 잎을 사이사이 꽂아 색감을 더한다.
9　아래에 플로랄폼 틀이 보이지 않도록 스마일락스를 길게 둘러준다.
10　완성된 테이블 센터피스.

TABLE CENTER PIECE

Flower Wedding Cake

케이크, 스마일락스, 옐로우 퐁퐁, 헬레보루스, 델피늄, 남천 열매, 호일

생화로 장식한 웨딩 케이크

세팅된 테이블 분위기와 잘 어우러지도록 비슷한 색감의 꽃을 활용하자. 장식은 최소화하는 것이 포인트.

1 꽃은 3㎝ 정도의 길이로 잘라 준비하고 깨끗이 씻어 호일이나 랩으로 감싸준다.
2 화형이 가장 큰 퐁퐁으로 기준점을 초록색이 짙은 헬레보루스를 바로 옆에 꽂아준다.
3 그 사이에 남천 열매를 꽂아 포인트를 준다.
4 퐁퐁 옆으로 헬레보루스와 델피늄으로 꾸며주고 남천 열매를 앞쪽에 몇 개 올려준다.
5 케이크 아랫부분은 스마일락스 줄기를 이어 붙여준다.
6 사용한 꽃의 가지를 이용해 케이크 번팅을 만들어주고 꽂은 후 마무리 장식을 해주면 완성.

Wedding Ring Tray

우드 트레이, 꽃송이 3~4개, 잎 소재

특별한 반지 교환식을 위한 웨딩 링 트레이

간단한 장식만으로 예쁜 링 트레이를 만들어 흔한 반지케이스나 링필로우를 대신할 수 있다.
우드 트레이 위에 꽃과 잎 소재를 올려 간단하게 장식해볼 수 있다.
꽃송이를 줄기 없이 짧게 잘라 올리고 잎 소재를 깔고 그 위에 반지를 올리면 끝!

Wedding Invitation

두꺼운 종이, 꽃송이, 잎 소재

마음 담긴 손글씨 청첩장

조금 두꺼운 종이에 간단한 초대글과 식순을 쓴다.
꽃과 잎을 글루건으로 붙여 장식해주면 근사한 초대장이 완성된다.

Flower Shower

OHP 용지, 조화 꽃잎, 잎 소재

신랑·신부의 앞날을 축복해주는 플라워샤워

문구점에 파는 OHP 용지를 돌돌 말아 고깔을 만들고, 그 속에 조화 꽃잎을 넣으면 완성.
고깔은 도일리 페이퍼나 잎 소재, 또는 신랑 신부 이름을 인쇄하여 꾸밀 수 있다.

Honeymoon with Flower

달콤한 허니문

평생 한 번뿐인 허니문의 추억을
오래오래 남기고 싶은 이들을 위한
스냅 촬영

이때에도 부케는 빠질 수 없다.
막 결혼식을 마친 신혼 분위기를 한껏 끌어올려 줄 '비장의 아이템'이니까.
물론 생화로 만든 부케가 예쁘기는 하지만,
예식이 끝나고 신혼여행지에 도착하는 동안 꽃은 시들어버리고 말 것이다.
그래서 준비한 것이 바로 평생 시들지 않는 조화로 만든 부케.
허니문에서 돌아오고도 두고두고 보며 추억할 수 있어 좋고,
신혼집 인테리어 소품으로도 활용할 수 있어 더 좋은 허니문 부케다.

푸르른 숲 속, 둘이 함께 내딛는 걸음.
소품으로 들꽃을 닮은 왁스플라워 부케를 들었다.
나무 사이로 나른하게 비치는 햇살이 따사로운 산책길.
지저귀는 새소리와 두 사람의 발걸음이 경쾌하다.
왁스플라워의 은은한 향기가 바람에 실려 숲을 감싸듯 풍기고
다정하게 잡은 두 손에는 풋풋한 설렘이 묻어난다.

조용한 해변을 거닐며 소금기 어린 바람을 들이마셔 본다.
한없이 투명한 바닷물에 가슴 속까지 시원해지는 기분이다.
바로 엊그제, 결혼식을 올렸던 순간들이 멀리 지나온 꿈만 같다.
"우리, 그냥 데이트하러 온 것 같지 않아?"
아직 실감이 나지 않는다며 해맑게 웃는 그녀의 모습에
남편이 된 그는 귀엽다는 듯 그녀의 코끝을 살짝 꼬집는다.

HONEYMOON WITH FLOWER

생화와는 또 다른 매력을 가진 조화.
색감을 잘 매치하면 생화만큼 예쁜 부케를 만들 수 있다.
신혼여행지를 떠올리며, 입을 옷을 준비하며
그에 딱 어울리는 꽃을 찾는 일도
여행 준비의 깨알 같은 재미가 되어준다.
향기까지 담을 수는 없다는 게 조금은 아쉽지만.

Artificial Flower Bouquet

조화(메인 꽃, 잎 소재, 열매 소재), 꽃테이프, 리본끈

How to

조화 부케

허니문의 추억을 남기는 스냅 촬영, 그리고 조화 부케

1. 메인이 될 꽃 두 송이를 맞대어 잡아준다.
2. 뒤쪽으로 색감이 다른 열매 소재를 더해준다.
3. 열매 소재 뒤로 화형이 큰 꽃을 더해 세 송이의 꽃이 삼각형을 이루도록 한다.
4. 사이사이 열매 소재와 잎 소재를 더해주어 전체적인 모양을 둥글게 잡아준다.
5. 핸들에 꽃테이프를 감아 단단하게 고정시킨다.
6. 어울리는 색감의 리본을 골라 꽃테이프가 보이지 않도록 감아준 후, 리본 매듭으로 마무리한다.

Flower Interior

신혼집 인테리어

취향대로 예쁘게 꾸민 집에서 알콩달콩 이어가는 신혼생활.
서툴지만 손수 만들어 장식한 꽃과 식물들이 집 안에 생기를 더한다.
오늘은 퇴근 후 돌아온 남편에게 싱그러운 꽃 향기를 선물해볼까?

Flowers in Tin case

틴케이스 화기, 양귀비, 알스트로메리아, 수선화, 씨드 유칼립투스

틴케이스 화기꽂이

언젠가 활용해 보려고 장만해 둔 손잡이 달린 빈티지 틴 케이스. 여기에 연한 색감의 꽃들을 베이스로 하고 틴 케이스와 보색이 되는 색감을 사용하여 포인트를 주었더니 간단하지만 근사한 센터피스가 탄생했다. 플로랄폼을 사용하지 않고 물을 채워 만든 센터피스는 매일 한 번 물을 갈아 주는 것이 가장 중요하다. 물만 잘 갈아줘도 일주일 이상 거뜬한데, 차가운 수돗물로 채워주고 여름이라면 얼음 한두 개 띄워주는 것도 노하우다.

1. 물을 반쯤 채운 화기에 알스트로메리아 두 가지 색상을 섞어 꽂아 넣는다.
2. 알스트로메리아로 전체적인 틀을 잡는다. 선체적인 모양이 돔 형태를 이룰 수 있도록, 가장자리에 위치하는 꽃들은 길이를 조금 짧게 잘라 꽂아준다.
3. 색상이 화려한 양귀비를 포인트를 주듯 알스트로메리아 사이사이에 꽂아준다. 이때 꽃 머리가 모두 다른 방향을 향하도록 신경 쓴다.
4. 수선화와 씨드 유칼립투스로 꾸며주고 마무리한다.

Air-plant

틸란드시아, 행잉 와이어, 유리 케이지, 컬러스톤

1
2

에어플랜트

공기 중의 수분과 먼지 속의 양분을 먹고 자란다고 알려져 있는 틸란드시아.
흙에 심지 않아도 되고 때 맞춰 물을 주지 않아도 되기 때문에 엄청난 귀차니스트라고 해도 키우기 어렵지 않다.
공중에 걸어두거나 케이지에 올려만 두어도 인테리어 효과 만점이다. 집 안이 건조하다면 가끔 스프레이 해주거나
틸란드시아가 잠길 만큼 물을 받아 풍덩 담가주었다가 꺼내어 다시 제자리에 놓아두면 된다.

1 준비한 유리 케이지 속에 컬러스톤을 깔아준 후, 틸란드시아를 비스듬히 눕히듯 앉힌다. 작은 피규어를 같이 넣어 주어도 좋다.
2 행잉와이어 사이로 틸란드시아를 넣어주고. 2~3개 연결하여 매달아주면 완성.

Welcome Wreath

씨드 유칼립투스 2단, 폴리유칼립투스 2단, 25㎝ 리스 틀, 와이어

- 씨드 유칼립투스
- 폴리 유칼립투스
- 와이어
- 25㎝ 리스 틀

유칼립투스 리스

유칼립투스만의 독특한 향기는 집 안 공기를 상쾌하게 만들어 주고 해충을 쫓는 역할을 한다고 하니 이보다 더 기특한 식물이 있을까? 유칼립투스로 만든 리스는 자연스레 말라가는 과정을 보는 것도 좋다. 뻣뻣한 잎들이 자연스레 휘어가며 곡선을 이루고, 짙은 향기는 날아가지만 시원한 풀 냄새가 남아 청량감을 더해준다.

1   리스 틀에 와이어 한쪽을 3cm가량 고리 모양으로 꽂아 넣는다.
2   반대편 남아 있는 긴 쪽과 함께 꽈배기 모양으로 꼬아서 연결해준다.
3   약 10㎝ 길이로 자른 씨드 유칼립투스를 리스 틀 사이사이에 한 방향으로 끼워 넣어준다.
4   연결해둔 와이어를 이용해 끼워 넣은 씨드 유칼립투스가 빠지지 않도록 단단하게 감아준다.

5 폴리유칼립투스를 섞어가며 만들어준다. 색감과 모양에 조금씩 변화를 주어 단조롭지 않도록 하기 위함이다.

6 계속해서 한 방향으로 덧대어 가며 만들어주고 중간중간 와이어를 감아 단단하게 고정한다.
한곳에 집중하다 보면 전체적인 모양을 놓치기 쉬우므로 잘 살펴가며 만들어준다.

7 한 바퀴 돌아 처음 시작한 지점까지 이어간다.

8 와이어로 단단하게 고정시키고 마무리한다.

9 시작 지점에 리본을 감아 매듭짓는다.

10 20㎝가량 간격을 두고 리본을 묶어 마무리한다.

WELCOME WREATH

Candle Wreath

레드 천일홍 2단, 15㎝ 리스 틀, 글루건

천일홍 캔들 리스

천일홍은 바싹 말라도 예뻐서 활용도가 높다. 리스를 작은 사이즈로 만들어 캔들과 함께 놓으면 선명한 컬러로 포인트가 되어준다. 향기가 짙은 꽃이 아니어서 좋아하는 향의 캔들을 사용해도 좋다.

1 천일홍 꽃을 잘라 준비한다.
2 글루건을 사용하여 리스 틀에 붙여준다.
3 리스 틀의 윗면과 옆면에 빈틈이 생기지 않도록 촘촘하게 붙여준다.
4 전체적인 모습을 살피며 꽃이 한곳에 뭉치지 않도록 고르게 만들어준다.
5 리스 틀의 옆면도 비어 보이지 않도록 신경 쓴다.
6 귀여운 천일홍을 촘촘하게 붙여 완성한 리스의 모습.

Cotton Wreath

목화, 솔방울, 홍가시, 다정금, 리스틀, 와이어, 글루건, 리본

목화 리스

목화송이를 가만히 보고 있으면 '식물인데 어떻게 이런 솜 같은 것이 나올 수 있는 거지?' 하며 신기할 때가 있다. 새하얀 목화송이와 솔방울로 리스를 만들어 방문에 걸어두면 포근하고 따스한 겨울 분위기를 낼 수 있어 좋다. 집들이 선물용으로도 제격이다.

1 다정금 열매와 홍가시 나무를 5㎝ 길이로 자르고, 목화송이, 솔방울을 준비한다.
  이때 목화송이는 지저분한 이물질들을 떼어내고 모양을 잘 잡아준다.

2 홍가시를 리스 틀 사이에 한 방향으로 꽂아 나간다.

3 빠지지 않도록 와이어로 단단하게 한 번 더 감아준다.

4 사이사이 다정금 열매를 섞어 이어 나간다.

5   목화송이 뒷부분에 글루건으로 접착제를 충분히 도포하고 와이어가 보이지 않도록 붙여준다.

6   같은 방법으로 솔방울과 목화송이를 여러 개 붙여준다.

7   빈틈이 보이지 않도록 홍가시 잎을 와이어로 이어준다.

8   다정금 열매를 적절하게 섞어 꾸며준다.

9   남아 있는 와이어를 리스 틀 뒤쪽에 넣어 빠지지 않게 고정시켜주고 마무리한다.

10 비어있는 리스 틀 부분에 리본을 묶어 완성한다.

COTTON WREATH

Unique
Bouquet

나만의 색다른 부케

Cotton Bouquet

목화, 왁스플라워, 구름비나무

How to

목화 부케

포근하고 따뜻한 느낌을 줄 수 있는 목화로 부케를 만들어보자. 겨울에 특히 어울리는 부케인데, 완성 사진과 같이 가지의 느낌을 살려 길쭉한 스타일로 만들 수도 있지만, 목화송이만 떼어내어 동그란 모양으로 만들어도 예쁘다. 동양적인 느낌이 살아 있어 한복 촬영 소품으로도 훌륭하다.

Tip 판매되는 목화의 경우, 한 가지에 6~8송이 정도 달려 있다. 부케의 크기를 고려하여 넉넉하게 3~4가지 정도 사는 것을 추천한다.

1   목화는 3~4송이만 남기고 불필요한 가지와 목화송이를 제거해준다.
2   목화 송이에 붙어 있는 지저분한 것들을 떼어주고 모양을 살살 토닥여 정리한다.
3   구름비나무와 왁스플라워도 윗부분 잎과 꽃만 남겨두고 아랫부분은 깔끔하게 정리해준다.
4   목화 두 가지를 맞대어 잡아 부케의 중심을 만들어준다.

5   양옆으로 왁스플라워를 위치시켜주고 흐트러지지 않도록 꽃테이프로 고정한다.

6   빈 공간은 구름비나무와 목화 가지로 채워나간다.

7   부케 뒷면은 구름비나무로 가지런히 정리한다.

8   목화 가지와 같은 갈색 꽃테이프로 단단하게 감아준다.

9   리본끈을 감아 매듭짓는다.

10 전지가위로 가지를 반듯하게 잘라 마무리한다.

COTTON BOUQUET

Succulents Bouquet

다육식물, 백묘국, 씨드 유칼립투스, 히아신스, 미스홀랜드, 수선화

How to

다육 부케

생명력이 강한 다육식물을 이용한 부케로 '에코 부케'라고도 한다. 사용한 다육식물을 다시 화분에 심어 키울 수 있어 단순히 부케 그 이상의 의미를 담을 수 있다. 다육식물은 존재감을 잘 나타낼 수 있도록 통통하게 볼륨감이 있는 것을 고르는 것이 좋다.

1 준비한 다육식물은 화분에서 분리하여 흙을 잘 털어낸다.
2 줄기를 최대한 남기고 뿌리는 잘라준다.
3 와이어의 1/3 정도를 접어 줄기에 덧대어 감아준다.
4 줄기가 거의 남지 않은 다육식물은 굵은 와이어나 꼬치를 아래에서 위로 찔러 넣어 줄기를 만들어준다.
5 이때, 위로 튀어나온 와이어 끝 부분은 펜치를 이용해 안으로 구부린다.
6 화형이 크고 단단한 미스홀랜드와 히아신스로 부케의 형태를 만들어간다.

7 다육식물을 부케의 중앙부분이 될 곳에 잘 보이도록 넣어준다.
아래는 단단한 꽃으로 지탱하여 와이어가 휘어지지 않도록 한다.

8 전체적인 모양이 둥근 형태를 유지하도록 주의하며 준비한 백묘국과 씨드 유칼립투스를 더해준다.

9 잘 보이는 방향으로 다육식물을 하나 더 넣고 마찬가지로 단단한 꽃으로 아래를 지탱한다.

10 준비한 꽃들을 더해가며 둥근 형태를 만들어준다.

11 전체적인 모양을 살피고 허전하다 싶은 부분에 작은 다육식물을 추가한다.

12 꽃테이프로 단단히 고정시킨 후 마끈으로 잘 감아주고 리본 매듭을 짓는다.
아래 줄기는 10cm가량 남기고 일자로 잘라 마무리한다.

SUCCULENTS BOUQUET

How to

다육 부토니아

1   작은 크기의 다육식물과 수선화를 앞뒤로 잡는다.
2   수선화 양쪽으로 씨드 유칼립투스를 넣어준다.
3   꽃테이프로 고정하고 마끈을 이용하여 꽃테이프가 보이지 않도록 감아준 후 리본 매듭을 지어준다.
4   줄기는 끈으로 감은 곳 바로 아래에서 잘라준다.

Pomander Bouquet

수국 3종류, 폴리유칼립투스, 아르메리아, 니겔라, 원형 플로랄폼, 와이어, 리본끈

How to

포맨더 부케

화동 부케로 많이 사용되는 포맨더 부케다. 화동을 위해 만들 때는 아이의 키를 고려하여 사이즈를 조절하는 것이 중요하다. 화동 부케뿐만 아니라 들러리 부케나 의자 장식 등 예식 공간을 장식하는 데도 많이 쓰인다. 드레스디자인을 고려하여 사이즈를 조절한다면 이색부케로 신부가 들어도 무관하다.

1 원형 플로랄폼, 와이어, 리본끈을 준비한다.
2 와이어 끝을 구부려 고리모양으로 만든다.
3 물을 흡수한 플로랄폼에 후 와이어를 밀어넣어 통과시킨다.
4 와이어 고리 부분에 리본끈을 넣어 묶어준다.

5   통과시켜 나온 와이어를 다시 고리모양을 만들어주고 작업하기 쉽도록 봉에 매달아 준비한다.
     집에서 쓰는 이동식 행거 사이에 테이블을 두고 행거에 매달아 작업하면 편하다.

6   세 가지 종류의 수국 모두 잔가지를 정리한 후 플로랄폼에 꽂아준다.
     한곳에 같은 컬러나 종류가 뭉치지 않도록 골고루 섞어 균형을 맞추는 것이 중요하다.

7   빈틈이 없도록 수국으로 채워준다.

8   준비한 잎 소재로 사이사이 꾸며준다.

9   아르메리아와 니겔라를 수국보다 높이 솟아오르게 꽂아준다.

10   윗부분 고리에 리본을 묶어 완성한다.

POMANDER BOUQUET

Wedding Dress & Bouqeut

드레스에 어울리는 부케 매치

Styles of Wedding Dress for Body Types

신부의 체형에 따라 더 잘 어울리는 드레스 디자인이 있고, 드레스 디자인에 따라 어울리는 부케도 있다.
드레스 라인별로 어떤 스타일의 부케가 어울릴지 모르겠다는 이들을 위해 준비한 가이드라인.

▽▲ 가슴과 힙이 풍성하고 허리가 잘록한 S라인 체형
● 가슴과 힙, 허리까지 몸이 전체적으로 둥글고 풍성한 체형
▮ 허리가 살짝 들어간 일자형 몸매
▲ 어깨보다 힙이 큰 삼각형 몸매
▼ 힙이 작고 어깨가 넓은 역삼각형 몸매

Bell-Line

벨 라인

스커트의 모양이 종 모양을 닮았다고 해서 붙여진 이름이다. 허리부터 풍성하게 퍼지는 드레스라인이 귀엽고 상큼하다. 벨 라인 드레스에는 볼륨감 있는 둥근 모양의 부케가 잘 어울린다. 길이는 길게 잡지 않는 것이 좋고, 드레스의 소재와 장식에 따라 다양한 종류의 꽃을 믹스한 부케도 추천한다.

A-Line

에이 라인

스커트의 라인이 알파벳 A 모양을 닮은 드레스로, 허리부터 사연스럽게 풍성해지는 디자인이다. 웨딩드레스의 가장 대표적인 라인이라고도 할 수 있다. 에이 라인 드레스에 매치할 부케는 드레스 라인을 가리지 않도록 너무 크지 않은 것이 좋다. 동그란 형태의 부케보다는 자연스러운 모양의 부케를 추천하고 싶다.

Mermaid-Line

머메이드 라인

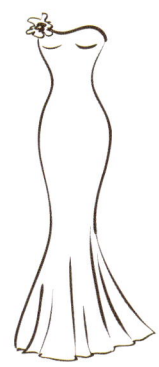

몸매를 타고 흐르는 곡선미가 돋보이는 드레스. 엉덩이까지 타이트하고 아래로 이어 꼬리처럼 우아하게 퍼지는 드레스로 우아한 매력이 있다. 다양한 소재로 아름다움을 나타내는 드레스이다. 부케 길이가 길고 심플한 디자인의 부케가 잘 어울린다.

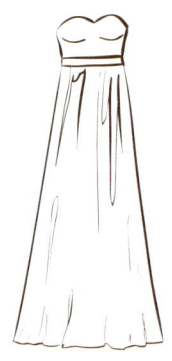

Empire-Line

엠파이어 라인

가슴 바로 아래에 허리선을 타이트하게 잡아주고 그 아래로 자연스럽게 떨어지는 우아한 매력을 가진 드레스다. 비교적 몸매 라인이 드러나지 않는 드레스라 동그란 모양의 부케보다는 긴 스타일로, 카라나 튤립처럼 부케처럼 꽃의 라인을 살려 만든 부케를 추천한다.

Sheath-Line

시스 라인

'H 라인 드레스'라고도 한다. 드레스 아래 부분이 일자로 깔끔하게 떨어지는 디자인. 라인이 단조로워 실크나 비즈 장식 또는 레이스로 소재가 화려한 경우가 많다. 실크 소재의 드레스라면 부케는 너무 풍성하지 않고 깔끔한 스타일이 잘 어울리고, 레이스 소재 드레스라면 자잘한 꽃들로 자연스러움을 살린 부케가 적당하다.

Wedding Flower Q&A

예비 신부들의 궁금증

Q. 부케를 결정하는 시기는 언제가 좋은가요?
A. 드레스, 웨딩홀, 메이크업 등 예식의 모든 스타일링이 정해진 후에 그것들을 모두 고려하여 부케는 가장 마지막에 결정하는 것이 좋습니다. 부케는 예로부터 전해오는 청혼의 의미가 담긴 것이기도 하지만, 역시 가장 큰 역할은 웨딩 소품의 하나로서 신부를 아름답게 꾸며주는 것이지요. 그렇기에 부케를 제외한 다른 스타일링이 모두 완성된 이후에 이를 아울러 가장 잘 어울리는 꽃과 부케 스타일 등을 결정하는 것이 현명합니다.

Q. 부케를 고를 때 가장 고려해야 할 점은 무엇인가요?
A. 가장 중요한 건 드레스 디자인과 예식 장소의 분위기를 고려해서 선택하는 일입니다. 드레스를 입은 신부 자신과 너무 이질감이 드는 디자인과 색감의 부케는 피해 주세요. 예식 장소 역시 마찬가지로 전체적인 분위기를 해치지 않는 디자인의 부케를 선택해야 하진에도 예쁘게 남습니다. 예를 들어, 밝고 화려 느낌의 웨딩홀이라면 대부분 플라워 장식도 화이트, 그린, 옐로우, 핑크 컬러 톤의 밝은 분위기로 장식하므로, 부케도 와인이나 딥 퍼플 같이 너무 어두운 색감의 꽃은 피하는 것이 좋습니다. 반대로 어두운 느낌의 웨딩홀은 보통 조명을 강하게 쓰기 때문에 꽃장식은 화이트 톤이나 짙은 색감 등 꽃 콘셉트에 따라 어느 것으로 장식해도 무관합니다. 이 경우 부케 스타일 또한 크게 제한을 받지 않지만, 레드 톤의 홀 장식에 블루 계열 부케처럼 웨딩홀 장식과 너무 대비되는 색감은 피해 주세요.

Q. 특정 계절에만 쓸 수 있는 꽃이 있나요?
A. 절화는 계절에 상관없이 다양한 경로로 수입되고 있고 국내에서도 좋은 시설로 재배되는 경우가 많아, 요즘에는 계절의 구분 없이 꽃을 볼 수 있습니다. 하지만 알아두면 유용할 만한 계절 꽃들은 있지요. 봄꽃에는 프리지아, 작약, 튤립, 무스카리, 라넌큘러스, 히아신스, 수선화, 은방울꽃 등이, 여름꽃에는 수국, 리시안셔스, 베로니카, 캄파눌라 용담 등이 있습니다. 가을꽃으로는 국화, 부바르디아, 스톡 등이, 겨울꽃으로는 포인세티아, 동백, 난꽃류 등이 대표적입니다.
필수는 아니지만, 부케를 만들 때 어느 정도의 계절감은 표현해주는 것이 좋습니다. 제철 꽃을 쓴다면 가장 그 계절에 어울리는 부케가 되겠죠. 꽃뿐만 아니라 컬러나 스타일 역시 계절에 맞추어 디자인하는 게 보기에도 예쁩니다. 여름에는 너무 더워 보이고 답답한 느낌을 주는 스타일은 피하고 화이트와 그린의 조합, 또는 바이올렛, 블루 등 청초하고 맑은 느낌의 꽃을 선택하길 추천해요. 겨울 예식일 경우 레드, 핑크, 오렌지 등 따뜻한 색감의 부케가 좋습니다. 다만 이는 절대적인 것은 아니고, 앞서 말씀드렸다시피 전체적인 스타일링을 모두 고려해야 합니다.

Q. 부케의 사이즈는 어느 정도가 적당한가요?
A. 양손으로 들었을 때 허리 라인을 가리지 않는 것이 좋습니다. 허리 라인을 모두 가리면 드레스의 디자인을 해칠뿐더러 답답해 보일 수 있습니다. 가장 좋은 것은 신부의 체형을 반영하여 디자인하는 것이에요. 통통한 체형이라면 전체적으로 슬림해 보일 수 있도록 너무 풍성한 것보다 아담한 사이즈의 부케를 들기를 권합니다. 키가 큰 신부라면 길쭉한 스타일의 부케로, 너무 작지 않되 허리 라인을 가리지 않을 정도의 크기로 디자인하는 것이 좋습니다. 아담한 체형의 신부라면 부케가 너무 커 보이지 않도록 부케 또한 아담한 사이즈로 만들어주세요.

Q. 부케는 언제 만드는 것이 좋은가요?
A. 하루 전 저녁 시간쯤 만들어 두는 것이 가장 좋습니다. 부케가 완성되고 최소 이틀 이상 넘기지 않아야 가장 싱싱하고 좋은 상태의 꽃을 부케에 들 수 있어요. 꽃을 사는 시기는, 꽃 시장에서 구매할 경우 이틀 전 다녀오는 것이 좋습니다. 하루 정도는 컨디셔닝을 거쳐 물 올림을 해주어야 하기 때문이죠. 집 근처 플라워숍에서 구매한다면 이미 컨디셔닝과 물 올림이 되어 있는 상태이기 때문에 제작 직전에 사도 무관합니다.

Q. 만든 후 보관은 어떻게 하나요?
A. 완성된 부케는 물 올림을 한 상태로 직사광선을 피해 서늘한 곳에 보관하는 것이 좋습니다. 기온이 높아 꽃이 금방 시들 수 있는 여름철에는 특히 보관 환경에 주의해야 합니다. 꽃 냉장고에 보관하는 게 가장 이상적이겠지만, 그럴 수 없다면 냉방이 되는 실내에 보관하거나 부케를 담근 물에 얼음을 몇 개 띄워 주는 것도 방법입니다. 물은 반드시 시원한 수돗물로 하루 두 번 정도 갈아 주어야 합니다. 겨울철에는 실외에 보관하여 꽃이 어는 일이 없도록 하고, 히터나 난로 같은 난방기기 바로 앞은 꽃잎이 마를 수 있으므로 피해 줍니다.

Small Wedding Check List

스몰웨딩 체크리스트

예물, 예단, 폐백 등 불필요하다고 생각되는 절차들을 과감히 생략하고 나만의 결혼식을 새로 설계하는 스몰웨딩. 일반적인 결혼준비 순서 중 기본적으로 필요한 것들만 모아 정리해보았다. 스몰웨딩은 집안마다 개인마다 준비할 것과 과정, 준비 시기에 차이가 있을 수 있기에 하나의 틀로 정형화하기는 어렵다. 가족, 신랑과 상의하여 생략할 것과 더할 것을 명확하게 정해 차근차근 준비해보자.

Small Wedding Plan

Day	결혼식	웨딩 준비	신혼여행	신혼집	혼수 준비
D-160	상견례, 택일			분가 여부 결정	
	웨딩홀 정보수집			규모/예산 파악	
D-150	스몰웨딩 장소 계약		신혼여행 정보 수집	지역 결정	
D-120			신혼여행지 결정	신혼집 알아보기	
D-100		셀프 웨딩 촬영 콘셉트 결정 드레스 및 각종 소품 준비	여행사 예약 비자 준비		
D-80	결혼식 날 도와줄 친구 리스트 작성, 섭외	셀프 웨딩 촬영		신혼집 계약	혼수리스트 작성
D-60	청첩장 주문				
D-40	청첩장 발송	예식 식순 짜기	신혼여행 준비물 구입		
D-30		촬영 사진 모니터 액자 고르기		전입신고, 확정 신고 주소이전 인테리어 마무리	
D-20	식장 점검 홀 장식 정하기	예식 당일 소품 예약		혼수품 들이기	
D-10			신혼여행 가방 꾸리기		신혼 짐 정리
D-7	당일 리허설 점검 식순 리허설	본식 드레스 가봉	출발 일정 확인 경비 환전, 최종 점검		
D-1	하객수송차량 도착시간 확인	웨딩카, 사회자, 이벤트 진행자 등 확인	신혼여행가방 최종 점검(여권 챙기기)		
D-Day					

Small Wedding Budget

나의 총 예산					원

대분류		소분류	비율	예산	책정 비용	비고
혼수		가구	20%	원	원	
		가전제품	30%	원	원	
		주방용품	5%	원	원	
		침구	5%	원	원	
		한복	15%	원	원	
		예물	25%	원	원	
	소계		100%	원	원	
예식		결혼식 비용	100%	원	원	
	소계		100%	원	원	
기타		신혼여행	60%	원	원	
		신랑 예복	20%	원	원	
		신부 예복	20%	원	원	
	소계		100%	원	원	

Small Wedding Tip

스몰웨딩 콘셉트 정하기
스몰웨딩이 일반웨딩과 다른 점은 예식 자체를 간소화하고, 신랑신부의 주도 아래 식의 내용이 진행된다는 것이다. 종교가 있다면 예배 형식으로 진행할 수 있고, 외국처럼 홈파티 형식으로 자유롭게 진행하기도 한다. 정한 웨딩 콘셉트에 따라 결혼이라는 경건함 속에서 스몰웨딩만의 재미를 느낄 수 있는 요소들이 필요하다. 주례나 사회자, 축가 등이 있고 없을 수 있고 새로운 이벤트가 추가될 수도 있다. 보통은 신랑, 신부가 부모님께 영상편지를 띄우거나 그 자리에서 직접 편지를 낭독하기도 한다. 신랑, 신부의 빛나는 아이디어가 가장 중요한 부분이니 미리 준비해두자.

스몰웨딩 장소 준비하기
일반 웨딩 패키지 계약보다 규모가 작은 하우스웨딩이 오히려 비용이 더 들 때도 있다. 꽃 장식 등을 별도로 해야 하고 하객의 수에 따라 할인 가격이 달리지는 등의 변수 때문이다. 따라서 하객 규모가 어느 정도일지 최대한 정확하게 검토하고, 하객 수와 예산에 맞춰 적당한 장소를 선택해야 한다. 그러기 위해서는 철저한 사전조사와 답사가 필수다.

웨딩홀 장식하기
모든 것이 준비되어 있는 일반적인 웨딩홀과 달리 스몰웨딩은 신랑신부가 직접 공간을 꾸밀 장식을 준비해야 한다. 웨딩 아치, 테이블 센터피스 및 꽃 장식, 버진로드, 벽 장식, 단상 장식과 같은 것들인데 업체 견적을 받아 진행하거나 직접 꾸밀 수 있다. 이때 웨딩홀의 규모와 구조를 사전답사로 정확하게 파악한 후 어떤 것들이 필요할지와 디자인 콘셉트 등을 고민하여 결정해야 한다.

Small Wedding Shop List

스몰웨딩을 위한 숍 리스트

Space

마켓오 도곡점

유기농 음식으로 유명한 마켓오 레스토랑에서 하우스웨딩을 할 수 있다. 붉은 벽돌의 고풍스럽고 따뜻한 분위기다. 하객은 최소 100~300명까지 수용 가능하며, 200명이 넘으면 대관료가 면제된다.

서울시 강남구 남부순환로 2745
02-3463-2700 | http://wedding.themarketo.com

오스테리아꼬또

유명 이탈리안 레스토랑인 이곳에서도 하우스웨딩을 할 수 있다. 최소 50에서 최대 150명까지 수용 가능하며, 버진로드는 화이트 톤의 깨끗한 느낌이 꽃 장식과 잘 어울리는 야외 공간에 있다.

서울시 강남구 언주로 835 삼원가든
02-518-1962 | www.osteriacotto.co.kr

힐하우스 양평

고풍스러운 건물과 정원이 예쁜 호텔. 가든웨딩 300~500명, 레드 플라워 웨딩 150~200명, 스완 웨딩 40~70명 수용 가능하다. 하우스웨딩 계약 시 차량 지원과 스위트룸 숙박권이 제공된다.

경기도 양평군 강하면 강남로 489
031-771-0001 | www.thehillhouse.co.kr

더클래스 청담

정원 150평에 건물 300평 규모로 피로연 수용인원은 300명이다. 플라워 데코레이션, 전관 사용 대관료는 별도이며 식사는 이탈리안 프렌치 스타일(맞춤 메뉴 가능)과 뷔페 중 선택 가능하다.

서울시 강남구 압구정로60길 17-5
02-516-3636 | www.theclasscheongdam.com

보통드로제

필리핀대사관을 리노베이션한 하우스웨딩홀이다. 1층 정원에서 야외 예식이 가능하고 비나 눈이 올 때도 천장 부분을 닫고 예식을 진행할 수 있다. 규모는 최소 50명에서 최대 300명까지 수용 가능하다.

서울시 용산구 장문로9길 11
02-3785-1600 | www.boutonderose.co.kr

Dress

루이엔젤

웨딩드레스, 웨딩원피스뿐만 아니라 신랑을 위한 턱시도 구매, 대여할 수 있다. 헤어 액세서리와 슈즈도 함께 대여한다.

서울시 강남구 논현로131길 30 4F
www.luyangel.com | 02-2252-8787
피팅 AM 09:00 - PM 07:00

드레스 바이 민

셀프웨딩에 필요한 드레스와 턱시도, 보타이 등을 대여한다. 프리 웨딩 패키지, 셀프촬영 패키지로 필요한 드레스를 세트로 대여하면 10%, 들러리드레스는 대여 수량에 따라 할인받을 수 있다.

www.dressmin.com | 070-7150-5832

스윗메리

정남 매장에서 사전예약 피팅 시 사진촬영이 가능하다. 온라인 쇼핑몰에서 미리 원하는 드레스를 찍어 두면 피팅 상담 시 도움이 된다.

서울시 강남구 선릉로125길 6
http://sweetmarry.kr | 070-7520-4354
피팅 AM 11:00 - PM 6:00(일요일 휴무)

저스트필리파

수입, 국내 웨딩드레스를 모두 갖춘 NY브라이덜필리파가 론칭한 셀프 웨딩드레스 라인. 스타일에 따라 '러브'와 '타임' 두 가지 라인으로 구성되어 있다.

서울시 강남구 선릉로105길 3 솜씨빌딩
www.nybridalphilippa.com | 02-511-2526
피팅 AM 10:00 - PM 08:00(월요일 휴무)

요조드레스

웨딩드레스, 파티드레스, 액세서리까지 모두 구비되어 있다. 피팅도 가능하며 시간은 최대 50분이다. 10만원 이상 구매 및 대여 시 피팅비는 100% 환불된다.

서울시 성북구 오패산로 61-1, 2F
www.yozodress.co.kr | 070-8774-1851
피팅 AM 11:00 - PM 09:00(주말 PM 04:00까지)

마이수 드레스

웨딩드레스부터 미니드레스, 비교적 캐주얼한 세미드레스 등이 다양하게 준비되어 있다. 웨딩 액세서리, 웨딩플라워와 슈즈 등을 함께 대여 가능하다.

www.mysoodress.com | 010-4311-8811

마이 브라이드

웨딩드레스, 이브닝드레스, 들러리드레스뿐만 아니라 웨딩슈즈, 웨딩 액세서리까지 한곳에서 만나보자. 사전예약하면 평일/주말 관계없이 쇼룸에서 드레스 3벌까지 피팅이 가능하다.

서울시 송파구 백제고분로42길 6-17
www.my-bride.co.kr | 02-418-0555
피팅 AM 11:00 - PM 6:00

Shoes & Acc · Party Materials

브라이드앤유

레이저 커팅 기법의 가죽 소재부터 실크, 레이스 등 다양하고 고급스러운 웨딩슈즈 디자인을 선보인다. 오프라인 매장은 편안한 쇼핑을 위해 예약제로만 운영하고 있다.

서울시 강남구 도산대로81길 39 J.J 홀딩스
www.brideandyou.com | 02-515-4727

BLANC'S

브라이덜샤워를 위한 각종 파티 패키지, 셀프웨딩 촬영을 위한 보타이, 베일 등의 소품뿐만 아니라 플라워샤워, 웨딩트리 등을 판매한다.

http://blancs.co.kr | 070-4244-7652

파티슈

화이트 컬러에만 국한되지 않고 핑크, 실버, 블루 등 다양한 디자인의 웨딩슈즈를 선보이는 곳이다. 남들과는 다른, 나만의 웨딩슈즈를 갖고 싶다면 추천해볼 만하다.

www.partyshoe.co.kr | 02-6408-3202

티다운티

셀프웨딩 촬영뿐만 아니라 브라이덜샤워, 각종 파티에 쓸 수 있는 다양한 소품들을 판매한다.

www.tdownt.com | 031-703-9610

슈즈드블랑

웨딩슈즈 글라스돔, 프로포즈패키지, 슈즈라벨링 서비스를 제공해 예비신부에게 선물하기 좋다. 기본 디자인의 구두에 코사지만 따로 구매하여 교체하면 다른 느낌으로 연출 가능하다. 쇼룸 2층에는 드레스와 한복, 파티 및 촬영 공간도 준비되어 있다.

서울시 종로구 율곡로3길 66-9 1,2층 | 070-4046-8614
www.shoesdeblanc.com | 070-5015-4846

디바이디

티아라, 헤어액세서리, 귀걸이, 목걸이, 베일, 웨딩 글러브, 코사지, 부케 등 웨딩을 위한 모든 액세서리를 판매하는 곳이다. 각종 폐백용품도 선보이고 있다.

www.dbydinc.co.kr | 02-2279-0972

루시드앤

웨딩슈즈뿐만 아니라 헤어밴드, 헤어핀, 티아라, 화관 등을 판매한다. 특히 신부를 더욱 환하게 빛내줄 헤어밴드를 다양한 종류로 준비해 취향껏 고를 수 있다.

www.lucidn.com | 032-218-0882

Thanks to

스튜디오 로사
직접 사진을 찍을 수도 있지만 셀프웨딩, 데이트스냅, 만삭, 우정, 리마인드 스냅 등의 촬영서비스를 제공하고 있으니 셀프 촬영에 자신이 없다면 선택해볼 만하다. 브라이덜샤워 파티 공간으로도 좋은 셀프 스튜디오.
서울시 마포구 성산로 144 6층 | 070-7798-9054 | www.rosafactory.com

합정 헤오
1박2일로 대여가 가능해 브라이덜샤워에 안성맞춤인 파티 공간. 패키지 선택 시 기본적인 파티 장식과 꽃 팔찌, 케이터링 등이 제공된다. 샤워시설, 주방, 침실까지 모두 갖춰져 있다.
서울시 마포구 독막로2길 18 2층 | 02-322-7883 | www.spaceheo.com

커피페이지
다목적의 공간 대여가 가능한 카페. 작은 산책로가 있는 입구가 돋보이는 2층 독채 카페 공간이다.
경기도 안양시 만안구 성결대학로2 | 070-4062-1476

더이채한복
젊은 디자이너가 직접 디자인한 한복을 판매, 대여하는 브랜드. 한옥 소품까지 스타일에 맞추어 구매할 수 있으며, 웨딩 목적뿐만 아니라 돌잔치 등 각종 가족 행사에 필요한 한복도 세트로 대여할 수 있다.
070-4123-2016 | http://storefarm.naver.com/the-echehanbok

로브드씨엘
웨딩 드레스, 이브닝드레스, 미니드레스, 돌잔치 드레스 및 소품 등을 구매, 대여 가능하다. 피팅 방문 예약 시 매장에서 직접 드레스를 입어보고 선택할 수 있다.
OPEN Mon.-Sat. AM 09:00 - PM 6:00
02-2292-0008 | www.robedeciel.co.kr

메종드실비
덴마크 마담스톨츠, 타카야카 등을 수입, 유통하는 토털 인테리어 브랜드. 국내에서 만나기 어려운 감각적이고 고급스러운 인테리어 소품들이 눈길을 끈다.
OPEN Mon.-Fri. AM 10:00 - PM 7:00 | Sat. AM 10:00 - PM 5:00
서울시 논현동 126-2번지 범일빌딩 | 02-518-2220 | www.maisondesylvie.com

까사미아
모던, 내추럴 콘셉트를 기본으로 하는 토털 인테리어 브랜드. 신혼살림을 꾸릴 때 누구나 한 번씩 가보는 필수 코스다. 가구, 침구, 소품 아이템, 테이블웨어 등을 한자리에서 볼 수 있다.
OPEN AM 10:30 - PM 8:00 | 서울시 강남구 압구정로 102 형지제2빌딩
02-516-9408 | www.casamiashop.com

시아(SIA)
유럽 홈패션 브랜드로 각종 조화와 부케를 선보이며 화병과 세라믹 식기류, 액자 등을 판매한다. 롯데백화점에 입점해 있으며, 한일카페트 논현동 전시장에서도 만나볼 수 있다.
OPEN AM 9:00 - PM 7:00
서울시 강남구 논현로 652 | 02-547-5828 | www.sia-homefashion.com

에스갤러리
시즌별로 선보이는 인테리어 테마룸을 만나볼 수 있는 문화공간. 가구, 패브릭, 조명, 주방용품 등 디자인이 돋보이는 리빙 컬렉션 제품을 한자리에서 볼 수 있다.
OPEN AM 10:00 - PM 7:00
서울시 송파구 백제고분로 241 | 02-544-6360 | www.s-gallery.co.kr